PRÉCIS

HISTORIQUE ET ANALYTIQUE

SUR LES DIVERS PROCÉDÉS

DE DORURE SANS MERCURE

ET PAR IMMERSION;

PROCÈS AUQUEL CETTE INNOVATION VIENT DE DONNER LIEU;

Examen du rapport de l'Institut sur la dorure par le galvanisme.

Extrait de la Revue scientifique et industrielle

DU DOCTEUR QUESNEVILLE.

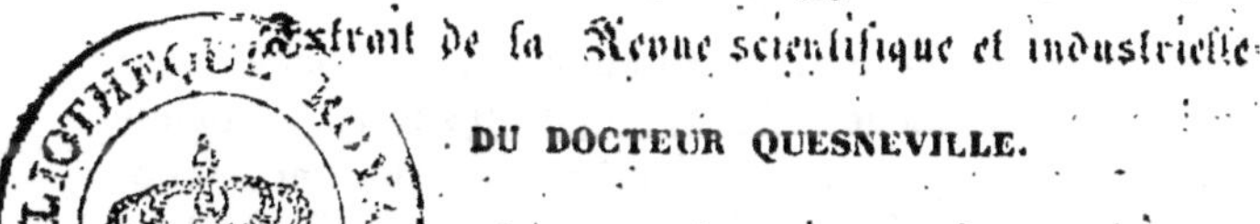
Extrait de la Revue scientifique et industrielle

DU DOCTEUR QUESNEVILLE.

PRÉCIS HISTORIQUE ET ANALYTIQUE

SUR LES DIVERS PROCÉDÉS DE DORURE SANS MERCURE ET PAR IMMERSION; PROCÈS AUQUEL CETTE INNOVATION VIENT DE DONNER LIEU; EXAMEN DU RAPPORT DE L'INSTITUT SUR LA DORURE PAR LE GALVANISME.

I. *Historique du procès en contrefaçon intenté par M. Elkington contre les doreurs français.*

Le 10 octobre 1836, M. Elkington, de Birmingham, déposa en France une demande pour un brevet d'importation de 10 ans, relatif à un procédé perfectionné de dorure sur certains métaux et autres objets. Ce brevet lui fut délivré le 15 décembre de la même année. La description du procédé ayant été publiée en Angleterre dans le numéro de mai 1837 du *The London journal and repertory*, le *Journal de pharmacie* de Berlin reproduisit cet article, et le *Journal de pharmacie* français ayant traduit l'article du journal de Berlin, nos journaux politiques éveillèrent à cet égard l'attention des fabriques intéressées à connaître une innovation qui était appelée à produire une révolution dans les procédés de dorure. Il était évident, en effet, que si ce procédé de dorure tenait tout ce qu'il promettait, nos doreurs sur mercure allaient tous être sacrifiés au monopole pris en France par un fabricant anglais. On concevra sans peine que nos doreurs se soient aussitôt mis à l'œuvre pour examiner expérimentalement la valeur de ce procédé; les bijoutiers se mirent de la partie. Or, il conste des pièces que nous avons sous les yeux que pas un d'entre eux ne réussit à produire le moindre effet de dorure acceptable par le commerce, quelque soin qu'ils aient tous pris de se conformer, point par point, aux prescriptions consignées dans les articles des journaux. Cependant, dès le 23 décembre 1836, M. Elkington avait formé avec les

1842

MM. Moulé frères, bijoutiers, rue Chapon, 1, une société pour l'exploitation de ce procédé, et, six mois plus tard, la société était en pleine activité; en sorte qu'en 1837 tous les anciens doreurs sur bijoux furent forcés de fermer leurs ateliers, de se créer de nouveaux modes d'existence; quelques uns d'entre eux, jusque là honorablement établis, se virent réduits à offrir aux passants sur le boulevard des cannes et des chaînes de montre. La dorure au mercure, au moins pour les bijoux en cuivre, venait ainsi d'être détrônée par la dorure au trempé. Quant aux bronzes, ce procédé n'a encore rien pu produire d'acceptable. On pense bien que, parmi les fabricants qui se trouvèrent froissés par le monopole de M. Elkington, il y en eut plus d'un qui cherchèrent à créer une concurrence plus ou moins directe, par l'invention d'un procédé rival du premier; et on ne tarda pas à voir s'élever des fabriques de dorure sans mercure, qui firent ombrage à la société Elkington. Aussitôt, les délégués du fabricant anglais firent opérer diverses saisies chez les doreurs qui leur semblèrent porter tous les caractères de contrefacteurs; de là procès, et procès qui s'est compliqué de toutes les questions qu'est en état de soulever notre trop laconique législation sur les brevets d'invention. Le 5 juillet 1838, on opère une saisie chez MM. Bédier, Dotin et Charlot, émailleurs, rue Chapon, 13. Le 28 juin 1839, nouvelle saisie chez les mêmes. Le 14 novembre 1839, saisie chez M. Bailly, bijoutier, rue Chapon, 16. Le 23 janvier 1840, saisie chez M. Simon. Le 1er février, saisie chez M. Dumon. Et M. le juge d'instruction nomme M. Chevallier pour lui faire un rapport sur la valeur de toutes ces saisies, comme pièces à l'appui d'une contrefaçon. M. Chevallier déclara que le brevet de M. Elkington renferme une découverte nouvelle, et donne, de la manière la plus explicite, tous les moyens destinés à faire réussir une belle dorure; en outre, que tous les objets saisis chez Bédier, Dotin et Charlot, chez Simon, Desportes, Dumont, etc., indiquent suffisamment que ces messieurs ne doraient pas par un autre procédé que celui dont un brevet garantissait le monopole à M. Elkington. Pour lui, la contrefaçon était évidente, et si M. Chevallier n'avait pas été soumis à un autre contrôle, il est évident qu'il ne restait plus aux saisis qu'à s'entendre condamner correctionnellement. Mais ceux-ci, ou au moins une partie, MM. Bédier, Dotin et Charlot d'un côté, et Simon de l'autre, répondirent à l'attaque en contrefaçon par une demande en déchéance de brevet, se fondant sur ce que M. Elkington, en France, avait dissimulé ses vrais moyens d'exécution, déclarant que, le brevet de M. Elkington à la main, il était impossible d'obtenir le moindre effet de dorure, et que partant ils devaient être considérés comme inventeurs au même titre que M. Elkington, puisqu'ils étaient parvenus à dorer comme lui, ce qui ne pouvait se faire à l'aide des moyens qu'il avait indiqués dans son brevet principal du 15 décembre 1836. Les saisis produisirent à l'appui de leur demande une consultation de M. Raspail, dans laquelle ce chimiste s'attachait à prouver : 1° que les procédés décrits par M. Elkington dans son brevet et ses additions au brevet principal du 15 décembre 1836, étaient déjà consignés dans les livres ; mais que les moyens indiqués ne donnaient aucun résultat acceptable par le commerce ; qu'en conséquence, M. Elkington, qui, dans ses ateliers, dorait parfaitement bien le bijou, avait recélé, dans sa demande d'un brevet, ses vrais moyens d'exécution, et encouru par ce seul fait la déchéance, en vertu de l'article 16 de la loi du 7 janvier 1791 ; 2° que MM. Bédier, etc., et Simon étaient inventeurs au même titre que M. Elkington ; car ce que leur procédé offrait de commun avec celui de M. Elkington, ils l'avaient pris dans les livres, et ce qui les faisait réussir, ils n'avaient pas pu l'emprunter à M. Elkington, puisque M. Elkington ne l'avait consigné dans aucune de ses demandes d'addition et de perfectionnement ; 3° que l'analyse de M. Chevallier était trop défectueuse et trop superficielle pour établir l'existence d'une contrefaçon de la part de MM. Bédier et Simon, et que, d'un autre côté, M. Chevallier s'étant contenté de faire dorer devant lui les délégués de M. Elkington, et n'ayant pas pris la peine de dorer par lui-même, et en cherchant à exécuter les prescriptions des brevets, il n'était pas recevable à établir que M. Elkington n'avait recélé, dans sa demande d'un brevet, aucun de ses vrais moyens d'exécution ; 4° enfin, que la saisie opérée chez MM. Bédier et Simon ne portait aucun de ces caractères de garantie que prescrit l'article 12 du règlement du 25 mai 1791 qui régit encore la matière.

A ce Mémoire de M. Raspail, M. Elkington opposa un factum rédigé au nom de MM. Pelletier, membre de l'Institut ; Payen, professeur au Conservatoire des arts et métiers, et Gaultier de Claubry, répétiteur à l'École polytechnique. Ces messieurs assuraient positivement avoir réussi à dorer par eux-mêmes, et le brevet seul de M. Elkington à la main. Ils avouaient que le bain d'or, dont M. Elkington réclamait la propriété, était réellement du domaine public, mais que M. Elkington avait, le premier, trouvé le moyen d'en tirer une dorure acceptable par le commerce ; quant au rapport de M. Chevallier, ils le trouvaient bon et valable. Cependant *on aurait pu désirer*, disaient-ils, *que M. Chevallier indiquât le procédé qu'il a suivi pour l'analyse du liquide litigieux*, aveu fait en passant, et qui d'un mot renversait toute la valeur judiciaire du rapport de M. Chevallier. Dans les trois jours, M. Raspail présenta une réfutation détaillée de ce travail. Il avançait hardiment : 1° que ces messieurs n'avaient pas pu exécuter par eux-mêmes la dorure dont ils annonçaient les échantillons au tribunal ; et, en même temps, il prenait acte de leur aveu au sujet de l'imperfection du rapport de M. Chevallier, et il offrait à prouver au tribunal qu'en suivant rigoureusement le brevet de M. Elkington, il était impossible d'obtenir le moindre effet de dorure. Ces messieurs, disait-il, assurent, dans leur note, qu'avant cette époque aucun d'eux n'avait jamais eu occasion de dorer aucune pièce par les procédés connus, et, de prime abord, ils ont réussi à dorer par le procédé Elkington. Cela est impossible ; car M. Elkington renvoie, pour la préparation des cuivres, à la dorure par le mercure. Or, cette préparation des cuivres ne saurait s'apprendre dans le silence du cabinet, en un instant et au pas de course, au moment où l'on s'occupe d'un rapport de complaisance ; or, si les cuivres ne sont pas bien préparés, ils se refusent à toute espèce de dorure. Donc, dans le cas où ces messieurs auraient réussi à dorer par le procédé Elkington, il ne restait qu'une seule manière d'expliquer le fait et l'anomalie, c'était d'admettre que la maison Elkington leur avait apporté les cuivres tout préparés d'avance, les liquides composés d'avance, le bain d'or tout prêt à recevoir les cuivres, et que ces messieurs n'avaient plus eu d'autre chose à faire que de prendre les cuivres et de les tremper dans le bain. On conçoit qu'exécuté de cette manière, le brevet le plus dissimulé ne saurait jamais être poursuivi en déchéance. A l'appui de ses nouvelles assertions et de ses nouveaux essais sur la dissimulation du brevet Elkington, M. Raspail produisait au tribunal la déclaration écrite de M. Michaud, dit *la Bonté*, métallurgiste, et M. Desfossé, ex-chef des travaux chimiques de la manufacture de Sèvres, qui avaient assisté aux expériences de M. Raspail.

L'affaire fut portée en ces termes à la connaissance du tribunal de première instance, et la poursuite correctionnelle en contrefaçon fut suspendue pas cette demande civile en déchéance. Dans sa séance du 4 mars 1840, la 4e chambre, saisie de cette demande, ordonna que les parties intéressées viendraient procéder, en sa présence, assistées de leurs conseils et de leurs experts respectifs, dans le laboratoire de chimie de la Sorbonne, le 15 mars suivant.

Le jour convenu, le tribunal, composé de MM. Michelin, président, Prud'homme et Pelletier, juges, assisté de M. Bourgoin, avocat du roi, se rendit à la Sorbonne, où comparurent les parties intéressées, assistées de leurs conseils et de leurs experts respectifs : M. ELKINGTON représenté par M. Truffau, son homme d'affaires, et par MM. Moulé et Elambert, ses associés, assistés de Me Bérit, leur avocat, Me Joly, leur avoué, et de MM Pelletier, Payen, Gaultier de Claubry et Chevallier, leurs experts; MM. BÉDIER et SIMON, assistés de MM[es] Guibet et Lelong, leurs avoués, Marie, leur avocat, et MM. Raspail, Lassaigne et Barruel, préparateur des cours de la Sorbonne, leurs experts, ainsi que de M. Barruel, neveu, pharmacien. Le tribunal ayant ordonné aux parties adverses de nommer chacune un expert, à qui serait confié le soin exclusif de procéder aux expériences, les délégués de M. Elkington nommèrent M. Gaultier de Claubry; MM. Bédier et Simon désignèrent de leur côté M. Raspail; lesquels ayant été acceptés par le tribunal, et ayant prêté serment, le tribunal ordonna qu'il fût procédé immédiatement aux expériences de dorure, le brevet seul à la main. Ce brevet n'était autre que le brevet du 15 décembre 1836; car les délégués de M. Elkington passaient condamnation sur les autres. M. Raspail, en effet, avait démontré que le brevet du 15 novembre 1837 était emprunté presque mot à mot à Lewis, tome III, sect. 9, pag. 359 et suiv., Des *expér. phys. et chim.*, trad. par Depuissieu; que l'addition du 28 mai 1838, relative à l'emploi du muriate d'ammoniaque dans l'eau régale, était consignée dans tous les livres, et notamment dans l'*Encyclop. méthodique*, art. *Dorure*, pag. 269, 2e colonne. Du reste, ces moyens divers additionnels étaient restés inappliqués et par les brevetés et par les contrefacteurs. Toute la polémique roulait donc sur le brevet du 15 décembre 1836.

Nous allons en donner en conséquence textuellement un extrait abbréviatif :

« Faites dissoudre, dit le brevet, 5 onces (poids anglais) (515
» grammes 45 centigrammes) d'or pur dans 42 onces (mesure
» liquide) d'acide nitro-muriatique dans les proportions sui-
» vantes, savoir : 14 onces d'acide nitrique pur, du poids spé-

» cifique de 1,45; 14 onces d'acide muriatique pur, du poids » spécifique de 1,15 et 14 onces d'eau pure.

» Lorsque l'or est dissous dans ce menstrue, on le soumet » à une température assez élevée pour l'éclaircir; on décante, » pour séparer le liquide, du précipité d'une faible quantité » de chlorure d'argent.

» Versez la dissolution dans un vase convenable (*je préfère*, » dit M. Elkington, *un vase de terre*); ajoutez-y quatre gallons » (18 litres 17 centilitres) d'eau pure, et 20 livres (9 kilo, 06) de » carbonate de potasse pure; faites bouillir le tout pendant deux » heures, et la préparation sera prête à servir.

» Prenez les pièces à dorer préalablement bien nettoyées, et » suspendez-les d'une manière convenable, au moyen de fils » métalliques très propres, ou d'autres procédés convenables; » plongez-les dans le liquide bouillant, en leur communiquant » un léger mouvement, jusqu'à ce qu'elles soient suffisamment » dorées; puis rincez-les dans l'eau pure.

» Les pièces ainsi dorées peuvent recevoir la couleur comme » les pièces dorées à la manière ordinaire, ou bien on peut les » laisser dans leur état naturel.

» Si l'on veut un effet mat (*dead effect*), il faut donner cet » aspect à la pièce pendant le nettoyage, suivant l'usage ordi- » naire; ou bien on pourra l'obtenir, au moyen d'une dissolution » de nitrate de mercure, soit avant, soit après la dorure; mais » je préfère le premier procédé.

» Ce que je réclame particulièrement, ajoute enfin M. Elking- » ton, comme ma propriété, c'est l'emploi du carbonate de » potasse ou de soude combiné avec une dissolution d'or. »

Nous avons extrait textuellement ces phrases; tout le reste est consacré à des indications de précautions sans importance, et dépouillées, du reste, de toute espèce de caractère de précision.

Les deux parties étant convenues que la discussion devait se renfermer dans les limites de ce seul brevet, les deux experts commencèrent par aller se procurer les substances nécessaires dans l'officine de MM. Boiveau et Robiquet. Les délégués de M. Elkington avaient eu la précaution d'apporter des cuivres, que le tribunal repoussa, sur l'observation présentée par M. Raspail, que ces cuivres avaient subi une préparation particulière tenue secrète, et dissimulée par le brevet. Il fut arrêté qu'on n'emploierait que des cuivres bruts, tels qu'on les trouve dans le commerce de la bijouterie. En même temps, MM. Bedier et Simon firent prendre à la fabrique de MM. Moulé et Elambert un kilogramme environ de bijoux dorés par le procédé Elkington, pour servir de comparaison avec la dorure qu'allaient chercher à obtenir MM. les experts. Ce paquet de comparaison fut revêtu du sceau de l'un de MM. les juges.

Ces divers incidents une fois réglés, MM. Raspail et Gaultier de Claubry se mirent en devoir de procéder à l'opération et à la composition de l'eau régale.

C'est à ce moment que M. Raspail demanda à ces messieurs, qui prétendaient avoir doré, une explication sur la signification des divers chiffres employés par la rédaction du brevet, pour la désignation des proportions : déclarant à ce sujet que, quant à lui, ces chiffres lui avaient toujours paru inintelligibles. Par exemple, que signifient les cinq onces (poids anglais) d'or, que le brevet traduit par ce chiffre 515 grammes 45 centigrammes? Quelles sont ces onces d'abord? Il existe en Angleterre deux sortes de livres : l'une (la livre troy) destinée spécialement à peser dans le commerce les matières d'or et d'argent, et qui est composée de 12 onces; l'autre (la livre avoir-du-poids) qui est composée de 16 onces. A laquelle de ces deux espèces de livres appartiennent ces cinq onces? A la livre troy? Il fallait le dire. Mais la traduction en grammes contredit cette explication ; car la livre troy est de 376 grammes 235; or, le chiffre 515,45 grammes du brevet ne saurait se rapporter à cette livre, et encore moins à la valeur de cinq onces. A la livre avoir-du-poids? Mais cette livre est de 453 grammes 50 centigrammes. L'indication donnée par le brevet est donc entachée de confusion et de plus d'une flagrante inexactitude. M. Gaultier de Claubry avoua n'avoir pas porté son attention sur cette difficulté; et demanda à s'assurer, par la vérification des livres, de la valeur des assertions de M. Raspail. Vérification faite sur les tables de Chompré, les tables de Guérin, la Métrologie de Saigey et l'Annuaire du Bureau des longitudes, il fut reconnu que cette indication du brevet ne se rapportait à aucune des deux livres usitées en Angleterre, et n'était susceptible d'aucune espèce d'interprétation. Arrivant aux 42 onces d'eau régale, M. Raspail demanda encore à quelle livre il fallait les rapporter, le brevet n'ajoutant que ces mots (mesure liquide); « la mesure des liquides, dit M. Raspail, n'est autre en Angleterre que le gallon. Ainsi, le brevet ne nous apprend rien de positif sur les proportions nécessaires, force sera donc d'avoir recours à des proportions arbitraires. » Mais à l'instant où les deux esperts s'apprêtaient à continuer leurs opérations, le tribunal s'aperçut que la présence des parties intéressées ne serait propre qu'à entraver la marche de l'opération; il prit donc un arrêté qui investissait les deux experts de la mission de procéder seuls et sans témoins, mais tous les deux ensemble, dans le laboratoire de la Sorbonne, pour faire ensuite leur rapport, soit individuellement, soit collectivement.

Près de quinze jours furent consacrés par les deux experts à varier, de plusieurs manières, les procédés, pour arriver à obtenir, de l'interprétation du brevet, une dorure acceptable. Dans une première opération exécutée sur un kilogramme de petits bijoux en cuivre, ils n'obtinrent presque que du noir, mais pas un objet acceptable, ni même susceptible d'être considéré comme de bon augure.

La marche suivie par M. Raspail, à l'égard de M. Gaultier de Claubry, lui était tracée par la nature même de leur dissidence, « Je n'ai jamais pu réussir à dorer à l'aide du brevet Elkington : disait M. Raspail ; vous, monsieur, vous assurez avoir parfaitement bien doré, en suivant les indications du brevet. Eh bien ! opérez avec moi, de la même manière que vous avez opéré avec MM Pelletier et Payen, et nous nous occuperons ensuite d'examiner si vos moyens d'exécution se trouvent, même implicitement, dans la description fournie par M. Elkington. »

En conséquence on opéra de la manière suivante :

COMPOSITION DU BAIN D'OR.

Or,	77 grammes.
Eau régale,	646
composée de :	
Acide nitrique,	} 215. 6 de chaque.
— muriatique pur,	}
Eau,	}

On fit dissoudre dans un ballon de verre, on laissa reposer le chlorure d'argent, on décanta, et l'on versa la dissolution dans un vase de grès verni en porcelaine, de la capacité de 12 à 13 litres. On ajouta 9 litres d'eau, et l'on versa cristal à cristal 4 kilogr. 500 de bicarbonate de potasse. On plaça le vase sur le feu pour l'abandonner à l'ébullition pendant l'espace de deux heures, pendant lesquelles on procéda à la préparation des cuivres, selon la manière usitée dans la dorure par le mercure, à laquelle M. Elkington renvoie, pour cette partie préliminaire de son opération.

On prit 2 kilog. de bijoux en cuivre, que l'on soumit au dérochage et au décapage de la manière suivante :

Recuite. — On fit rougir les cuivres entre des charbons incandescents, pendant cinq à six minutes, pour les dépouiller des corps gras dont l'estampage a recouvert leur surface.

Dérochage. — On les plongea, en sortant du feu, dans un mélange d'eau et d'acide nitrique marquant deux ou trois degrés.

Décapage. — Les cuivres, ainsi recuits et dérochés, furent divisés en deux catégories : l'une devant être passée à l'acide nitrique, et l'autre à l'acide nitrique imprégné d'une poignée de suie et d'une poignée de sel marin. Les bijoux en cuivre, liés en petits paquets par des fils de cuivre, étaient plongés dans l'un ou l'autre de ces acides, lavés à plusieurs eaux, et séchés au bain de sciure de bois placé sur un réchaud.

Dorage. — Il ne restait plus qu'à tremper dans le bain d'or; les deux heures d'ébullition prescrites par le brevet étant expirées. Ici se présenta une nouvelle difficulté entre les deux experts. M. Raspail était d'avis qu'on devait suspendre les paquets dérochés à un crochet, et les plonger immédiatement dans le bain d'or; M. Gaultier de Claubry, au contraire, tenait à ce qu'on les passât de nouveau à l'acide nitrique, avant de les plonger dans le bain. Or, le brevet ne mentionne rien de semblable. Cependant M. Raspail ne se refusa pas à cette addition, bien convaincu qu'elle n'ajoutait que fort peu de chose au succès de l'opération; et, d'un autre côté, se réservant d'en tirer, dans la discussion, le parti convenable, le fait étant une fois constaté dans le procès-verbal.

On divisa donc les cuivres en deux catégories : l'une qui devait être passée à l'acide nitrique, avant d'être plongée dans le bain, et l'autre qui devait être plongée dans le bain, après avoir été tout simplement rincée à l'eau pure.

Chacune de ces catégories se subdivisa en deux autres : l'une qui devait être passée au mat, par le nitrate de mercure, avant d'être plongée dans le bain, et l'autre qui devait être plongée dans le bain d'or et dorée, avant d'être passée au mat dans le nitrate de mercure. Le tableau synoptique suivant fera mieux comprendre la marche de cette opération :

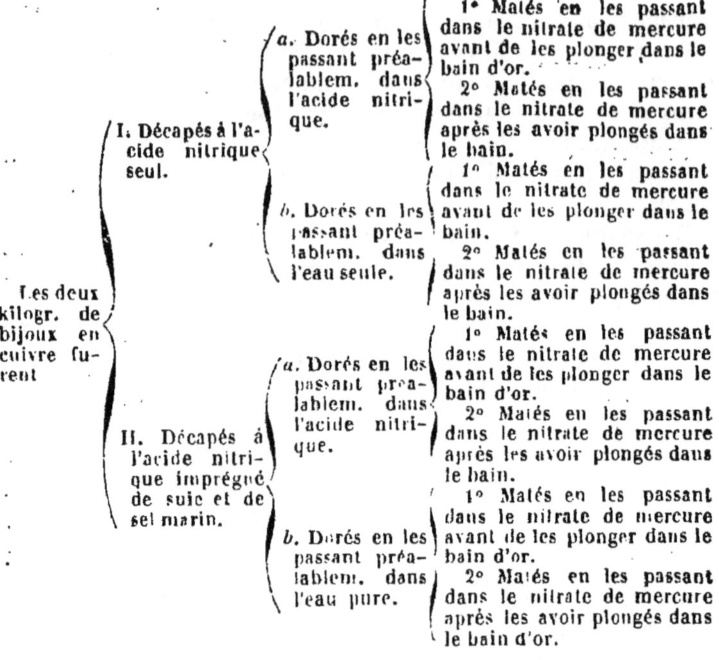

Les deux kilogr. de bijoux en cuivre furent

- I. Décapés à l'acide nitrique seul.
  - *a.* Dorés en les passant préalablem. dans l'acide nitrique.
    - 1° Matés en les passant dans le nitrate de mercure avant de les plonger dans le bain d'or.
    - 2° Matés en les passant dans le nitrate de mercure après les avoir plongés dans le bain.
  - *b.* Dorés en les passant préalablem. dans l'eau seule.
    - 1° Matés en les passant dans le nitrate de mercure avant de les plonger dans le bain.
    - 2° Matés en les passant dans le nitrate de mercure après les avoir plongés dans le bain.
- II. Décapés à l'acide nitrique imprégné de suie et de sel marin.
  - *a.* Dorés en les passant préalablem. dans l'acide nitrique.
    - 1° Matés en les passant dans le nitrate de mercure avant de les plonger dans le bain d'or.
    - 2° Matés en les passant dans le nitrate de mercure après les avoir plongés dans le bain.
  - *b.* Dorés en les passant préalablem. dans l'eau pure.
    - 1° Matés en les passant dans le nitrate de mercure avant de les plonger dans le bain d'or.
    - 2° Matés en les passant dans le nitrate de mercure après les avoir plongés dans le bain d'or.

Afin d'avoir une idée plus nette de ces opérations, il suffira d'en décrire une seule. On prenait les paquets de cuivres décapés et séchés, qu'on enfilait dans un long crochet de cuivre doré; on les trempait dans l'eau, dans l'acide nitrique, dans l'eau, dans une dissolution de nitrate de mercure, dans l'eau, dans le bain d'or, et puis l'on rinçait dans deux ou trois terrines d'eau, et l'on séchait à la sciure de bois.

L'opération terminée, il fut évident que ce n'était pas là obtenir une dorure; et, aux yeux de M. Raspail, il fut plus évident que jamais qu'il avait deviné juste, en interprétant à sa manière l'assertion de MM. Pelletier, Payen et Gaultier de Claubry, lorsqu'ils prétendirent avoir parfaitement réussi à dorer d'après le brevet Elkington.

» Il est fort possible, fit observer M. Gaultier, que notre insuccès ne provienne que de notre décapage; nous n'avons sans doute pas bien décapé. Je vous proposerai donc d'avoir recours à des doreurs de profession pour nous décaper nos cuivres; d'un autre côté, il est possible que nos cuivres ne fussent pas bons. Je vous proposerai de nous en procurer une nouvelle quantité que nous essaierons de dorer comme les nôtres, après les avoir fait décaper par un doreur de profession. »

M. Raspail adhéra à toutes ces propositions; il restait 2 kilogrammes de cuivre; les experts en achetèrent un nouveau kilogr. chez le premier bijoutier venu, et ils partagèrent le tout entre quatre doreurs de profession pris au hasard sur la liste des doreurs de Paris. Ces messieurs rendirent aux experts tous les cuivres parfaitement décapés. Mais les uns les avaient décapés par l'ancien procédé de la dorure au mercure, et les autres par le procédé nouveau; car il faut dire que le décapage pour la nouvelle dorure est un procédé tout particulier, quoique le brevet dise le contraire. M. Raspail signala à M. Gaultier de Claubry, celui des quatre décapages, qui paraissait évidemment appartenir à la nouvelle méthode. La pesée confirma cette appréciation; en effet, ces divers décapages se trouvèrent avoir perdu, le premier 1/16, le second et le troisième 1/8, et le quatrième 1/5 de leur poids total. Quoi qu'il en soit, M. Raspail consentit à essayer de les dorer tous dans le bain d'or de la veille. Il faut ajouter qu'un ou deux hectogrammes environ de cuivres réservés, furent de nouveau dérochés et décapés par M. Gaultier de Claubry, en modifiant le procédé de la veille.

Ces cuivres ayant tous été dorés par les divers procédés indiqués dans le tableau synoptique précédent, les deux experts s'occupèrent de les passer à la couleur, espérant que l'effet de cette opération serait de débarrasser cette détestable dorure des incrustations ocracées qui la ternissaient.

Le brevet du 15 décembre renvoyant, pour cet effet, aux procédés de la dorure par le mercure, il ne restait qu'à ouvrir le premier livre venu, et à exécuter la mise en couleur usitée dans l'industrie. Mais alors M. Gaultier exhiba le brevet du 15 novembre 1837, dont il venait de recevoir à l'instant la minute, et dans lequel se trouvait indiquée la formule de mise en couleur suivante : 3 kilo. de nitrate de potasse, un kilo. de sulfate de fer, et un demi-kilogramme de sulfate de zinc dissous dans une certaine quantité d'eau bouillante. On plonge les objets dorés dans ce mélange, on les fait sécher sur un feu clair, jusqu'à ce que les sels deviennent d'une couleur brune, et on les replonge dans l'eau.

M. Raspail s'opposa à l'emploi de ce procédé, se fondant sur ce que leur mission était bornée dans l'étude du premier brevet, lequel renvoyait, purement et simplement, pour la coloration, aux procédés usités dans la dorure au mercure. Il fut donc convenu que, par un commissionnaire, on ferait prendre, rue des Lombards, de la cire à dorer; à quoi M. Gaultier de Claubry ajouta, en son nom et pour son compte, une note destinée à prendre un mat doux et léger chez MM. Perrin, qui, le lendemain, se trouvèrent être MM. Thérin et Chaslin, fort connus pour avoir fabriqué divers mats fort estimés dans la nouvelle dorure.

Le lendemain, observation faite par M. Raspail de cette circonstance, celui-ci ne s'opposa plus à l'emploi de cette substance, sauf toute réserve; et l'opération fut terminée, de manière qu'il ne restait plus qu'à expédier les bocaux renfermant les produits, au tribunal de première instance.

Pour une personne qui s'entend aux exigences du commerce de la dorure, il ne serait pas resté le moindre doute que les résultats obtenus par les deux experts étaient tout ce qu'il y avait de plus militant, en faveur de la demande en déchéance; car après quinze jours de recherches et d'opérations variées, et même en ajoutant de la manière la plus large à l'interprétation du brevet d'Elkington, les experts avaient fini par obtenir toutes les couleurs du prisme, y compris le noir, à l'exception d'une teinte dorée. Un décapage ordinaire aurait été plus agréable à l'œil que le plus bel échantillon de cette laborieuse expérience.

Quoi qu'il en soit, la tâche des chimistes venait de finir; là précisément commença celle de la procédure, et le papier timbré prit la place des réactifs.

Cependant il n'est aucun des chimistes qui fréquentent le laboratoire de la Sorbonne, qui n'ait dû être frappé du silence qu'observaient, en se contrôlant, les deux experts, pendant neuf heures de travaux consécutifs. Tout se classait avec méthode, après avoir été réglé dans un programme convenu en commun: chaque soir, les produits étiquetés étaient soigneusement placés sous les scellés. On se séparait, et l'on s'attendait avec la plus insigne politesse. On eût volontiers pris les deux experts rivaux pour deux collaborateurs, qui se seraient choisis librement, pour concourir à une œuvre commune, et dont les résultats auraient dû profiter à tous les deux. Mais quand tout semblait terminé, la dissension éclata.

Dès le 20 mars 1840, en transcrivant, avec M. Gaultier, les étiquettes du laboratoire, pour les déposer dans tout autant de bocaux respectifs, M. Raspail en trouva quelques unes dont la rédaction était illisible; mais, à la vue des produits, il crut reconnaître la nature des procédés, et rappela à M. Gaultier que les étiquettes marquées d'un G avaient été passées, les unes à l'eau, et les autres à l'acide nitrique. Sur cette observation, si simple et présentée de la manière la plus dubitative, M. Gaultier se lève brusquement, *déclare de la manière la plus formelle, et prêt à en faire serment, si le tribunal le lui déférait* (textuel), *qu'il n'a, ainsi qu'il assure avoir été convenu, employé l'acide nitrique concentré* dans aucune de ces opérations, et *il déclare suspendre tout*, jusqu'à ce qu'il en soit statué par le tribunal. M. Raspail a beau lui certifier qu'il ne tient pas le moins du monde à ce fait, par lui-même fort indifférent; il a beau inviter M. Gaultier à reprendre les opérations, en passant condamnation sur sa question; force fut de dresser procès-verbal constatant les dires des deux parties et de l'adresser à M. le président, qui répondit une lettre pleine de sagesse et d'à-propos, à la suite de laquelle M. Gaultier de Claubry consentit à reprendre les opérations suspendues, et à dresser procès-verbal de toutes les vacations. Enfin, le 29 mars, les deux experts s'occupent de formuler leur opinion sur les résultats obtenus, afin de se conformer à la deuxième partie du jugement rendu à la Sorbonne le 15 mars; ils posent d'un commun accord les quatre questions auxquelles ils se proposaient de formuler leurs réponses respectives. Mais à peine M. Raspail venait-il, sur la demande de M. Gaultier de Claubry, de formuler la sienne, que M. Gaultier se lève, déclare n'être pas de cet avis, et partant vouloir rompre là d'une manière définitive, pour aller de ce pas demander en référé, que toute cette expertise fût annulée de tout point et considérée comme non avenue au procès, et que l'on procédât à une nouvelle expertise, laquelle seule ferait foi et serait acquise aux parties. La demande de M. Gaultier fut présentée par observation, le 2 avril, au tribunal, qui, ayant entendu contradictoirement MM. Raspail et Gaultier, ainsi que les avocats des parties, rendit un jugement, en vertu duquel il était enjoint aux deux experts d'envoyer au tribunal tous leurs produits comme pièces acquises aux parties, de déposer au greffe leurs rapports soit collectifs, soit individuels, et en outre le tribunal adjoignit M. Gay-Lussac à MM. Gaultier de Claubry et Raspail, à l'effet de procéder à une nouvelle expertise et d'en faire leurs rapports.

Ce jugement, si lucide dans ses termes, eut de la peine à être exécuté méthodiquement. Les deux experts finirent bien par adresser au tribunal environ deux cents bocaux dépositaires des produits de leur opération. Mais le rapport de M. Gaultier tardait à être prêt, et dès le 4 avril, et avant d'avoir mis M. Raspail en demeure de déclarer s'il entendait rédiger collectivement ou individuellement son rapport, M. Gaultier lui annonçait, par lettre, qu'il eût à se rendre dans les ateliers des délégués de M. Elkington, pour y voir procéder par ceux-ci, en présence des experts, au nouveau mode de dorure; car M. Gay-Lussac l'avait ainsi décidé.

On pense bien que M. Raspail se refusa absolument de prêter la main à une mesure assez étrange par elle-même, et qui avait été prise par les deux experts en l'absence et à l'insu du troisième, et cela avant même la signification du jugement qui devait les constituer. Il déclara même à M. Gaultier ne vouloir consentir à la reprise d'aucune opération nouvelle, avant que le dépôt des deux rapports, sur la première expertise, eût été effectué au greffe du tribunal.

Cette condition ayant été remplie après bien des difficultés, M. Raspail consentit à commencer les opérations de la seconde expertise. Nous garantissons l'exactitude des circonstances qui précèdent et de celles qui vont suivre: nous les extrayons presque textuellement des pièces de la procédure, et surtout des rapports d'experts.

Dès le principe, nous voyons M. Gay-Lussac prendre parti pour M. Gaultier de Claubry; ces deux experts délibèrent presque toujours en commun et en l'absence du troisième, à qui ils se contentent de communiquer, par lettre, le programme qu'ils ont adopté, pour leurs opérations subséquentes. On s'imagine bien que M. Raspail disputa de son côté, pied à pied, le terrain; et, sans se formaliser de cette préférence qu'il avait prévue, il s'appliqua à constater toutes ces circonstances dans le procès-verbal, pour faire profiter, dans les débats, à la cause qu'il avait à défendre, les moyens employés par ceux qui l'attaquaient.

M. Gay-Lussac commence par vouloir que les experts assistent à une opération de dorure chez les brevetés eux-mêmes, se contentant de cette épreuve, dans le cas où la dorure serait bonne et valable, pour prononcer la validité du brevet d'invention. « A ce prix, répondait M Raspail, il ne sera désormais plus possible de prononcer la déchéance d'un brevet, en vertu de l'art. 16 de la loi du 7 janvier 1791. Il ne s'agit pas, disait-il, ici de savoir si les délégués de M. Elkington produisent une bonne dorure, par un procédé nouveau: personne n'en doute, et l'accroissement de leur fortune en fait foi; ils dorent bien et parfaitement bien. Mais toute la question, qui nous est soumise légalement, consiste à examiner si M. Elkington n'a pas *dissimulé*, dans la description annexée à sa demande d'un brevet d'importation, *ses vrais moyens d'exécution*, moyen frauduleux qui entraîne la déchéance, aux termes de l'art. 16. Qu'avons-nous donc à faire, si ce n'est de prendre le brevet original, d'en suivre mot à mot toutes les indications, et de voir si nous obtiendrons, de l'exécution de son procédé, un résultat de dorure acceptable dans le commerce, et analogue à celui que les délégués de M. Elkington obtiennent dans leurs ateliers secrets. Or, si nous nous transportons dans leurs ateliers, pour assister les bras croisés à leurs opérations, il est une foule de petits secrets d'où dépend la réussite de l'opération, et qui nous passeront et nous repasseront sous les yeux, sans que ni vous ni moi, nous nous en doutions le moins du monde.

M. Gay-Lussac : Je persiste dans mon opinion.

M. Raspail : Je demande alors de me faire assister par les saisis, afin d'exercer sur l'opération une surveillance plus rigoureuse.

M. Gay-Lussac : Je ne saurais y consentir.

Enfin M. Raspail ayant annoncé qu'il se proposait de saisir et mettre sous les scellés tous les liquides et ustensiles dont se seraient servis les brevetés, à l'effet de chercher, par l'analyse, dans les moyens et les produits, la cause dissimulée de la réussite ; après une discussion dont tous les points furent épuisés de part et d'autre, M. Gay-Lussac prétendant toujours que les brevetés sont plus aptes à réussir qu'un étranger, alors même qu'ils n'auraient rien dissimulé dans le brevet; que quant à lui il ne comprenait rien à cette dorure, et qu'il avait besoin de voir bien dorer pour s'essayer ensuite à dorer; il fut convenu par un compromis final, que les délégués de M. Elkington seraient invités à venir opérer sous les yeux des experts, dans un laboratoire de leur choix. M. Raspail avait choisi le laboratoire de la Sorbonne; M. Gaultier de Claubry s'y refusa, et préféra le laboratoire de M. Gay-Lussac; M. Gay-Lussac se rangea de cet avis. Il fut donc convenu que la réunion aurait lieu le 24 avril, à la condition que le rapport de M. Gaultier serait enfin déposé au greffe le 23; ce qui eut lieu. Au sortir du greffe, M. Gaultier de Claubry remet à M. Raspail une note de produits à prendre chez MM. Robiquet et Boiveau, pour l'opération du lendemain 24. MM. Robiquet et Boiveau étaient chargés d'apposer le cachet de M. Gaultier sur le paquet, et M. Raspail était invité à y apposer le sien. Mais cette note renfermait des substances qui n'étaient nullement indiquées par le brevet, et qu'on n'avait pas employées dans le laboratoire de la Sorbonne. D'un autre côté, MM. Robiquet et Boiveau invitèrent M. Raspail à repasser dans une heure, l'une des personnes mêmes de l'établissement annonçant que M. Gaultier avait parlé d'une note d'additions. Rien de tout cela ne parut à M. Raspail assez régulièrement fait pour qu'il pût y prêter les mains. Les substances, au lieu d'être revêtues du cachet des deux experts, n'arrivèrent donc au Muséum qu'au propre et privé nom de M. Gaultier de Claubry.

Le 24, après quelques petits incidents nouveaux, la séance eut lieu. On procéda comme à la Sorbonne, par les mains des délégués de M. Elkington, au nombre de trois. M. Gay-Lussac était assisté de ses préparateurs et de son domestique; M. Raspail était seul; M. le président de la quatrième chambre se rendit à la réunion un peu plus tard. Mais tout-à-coup M. Raspail s'aperçoit que, dans un coin de l'amphithéâtre, on formulait un liquide, sous la dictée de M. Gaultier de Claubry: c'était le liquide du décapage et des cuivres. M. Raspail saisit la formule pour la reproduire au tribunal; la voici:

Acide sulfurique,	4 kilog.	135 grammes.
— nitrique,	1	550
Sel marin,		42
Eau,	1	550

M. Raspail fit observer que cette composition pour le décapage était inconnue dans la fabrique et dans le commerce; que le brevet ne la mentionnait pas; qu'il renvoyait simplement aux procédés de décapage usités dans la dorure au mercure. M. Gay-Lussac répondit qu'il ne s'occupait pas du décapage; que ces messieurs étaient libres de décaper comme bon leur semblerait; qu'il lui suffisait qu'ils dorent et qu'ils dorent bien. « C'est bien, répondit M. Raspail; votre observation et la mienne seront relatées au procès-verbal. » Le vase renfermant cette composition fut placé dans le Jardin des Plantes, l'amphithéâtre ayant un manteau qui ne tire pas, ainsi que le font tous ces beaux manteaux de cheminée, dont nos architectes font des monuments destinés à frapper la vue et à rien de plus; le bain d'or étant placé dans le plain-pied de l'amphithéâtre, cette disposition parut contrarier les opérateurs. Quoi qu'il en soit, les deux heures d'ébullition passées, les cuivres ayant été recuits, dérochés, décapés par les délégué mêmes de M. Elkington, ceux-ci procédèrent à la dorure, comme MM. Gaultier et Raspail avaient procédé à la Sorbonne, en passant préalablement à l'acide nitrique; mais à peine avaient-ils plongé deux ou trois paquets dans le bain d'or, qu'ils déclarèrent leur bain tourné, et impropre à la dorure; ils renoncèrent dès lors au bénéfice de cette opération. M. Gay-Lussac crut voir la cause de cet insuccès en ce que l'ébullition n'avait jamais eu complétement lieu, le thermomètre ne s'étant pas élevé au-dessus de 96° centigrades, et il permit à ces messieurs de venir recommencer, au Muséum, une nouvelle opération, par eux-mêmes et comme ils l'entendraient, sous les yeux seulement des trois experts. En attendant, M. Raspail fit placer sous les scellés un échantillon de tous les produits employés, y compris le bain d'or.

Les délégués de M. Elkington désirèrent que M. Raspail les accompagnât chez leur marchand d'acides, pour choisir avec eux l'acide nitrique qui paraîtrait donner le plus beau décapage, alléguant que leur insuccès ne pouvait provenir que de la faiblesse de l'acide employé. M. Raspail se rendit à cette demande, et assista, chez le marchand d'acide de ces messieurs, au choix de l'acide pour le décapage. Ce choix se fit en décapant des cuivres. Ces messieurs ayant obtenu un décapage de leur goût, M. Raspail l'examine, et leur déclare que jamais l'acide nitrique du commerce ne produit un pareil décapage, et encore moins l'acide pur; il demande un peu de nitrate de baryte et de nitrate d'argent, et trouve, dans l'acide choisi, une immense proportion d'acide sulfurique et d'acide hydrochlorique. Il en fait son observation, qu'il annonce devoir reproduire à la séance. Ces messieurs consentent alors à prendre une tourille d'acide ordinaire, sur laquelle M. Raspail apposa son cachet.

La séance eut lieu le 28 avril; les délégués de M. Elkington opérèrent comme ils l'entendirent; cependant en se rapprochant, plus que la première fois encore, de la méthode suivie par les experts à la Sorbonne. L'ébullition du bain d'or fut complète, le thermomètre s'étant élevé à 105°. M. le président assista à l'opération. Mais, cette fois-ci encore, après quatre ou cinq immersions dans le bain, les délégués déclarèrent le bain encore manqué, se plaignant de n'être pas à leur aise dans ce laboratoire, et demandant qu'on allât opérer chez eux; demande qui fut accueillie par MM. Gay-Lussac et Gaultier de Claubry, et à laquelle partant M. Raspail ne put pas se refuser: il pria seulement M. le président de vouloir bien y assister; en même temps il fit placer sous les scellés tous les réactifs et produits de cette seconde opération.

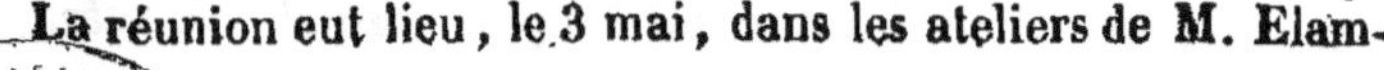
La réunion eut lieu, le 3 mai, dans les ateliers de M. Elam-

bert, l'un des associés de M. Elkington, rue du Temple, 34. Ici, à la vérité, la recuite, le dérochage et le décapage s'exécutèrent avec des circonstances différentes et dans des compositions d'acides dont l'examen ne fut pas soumis aux experts. De là, on passa dans un atelier secret, et où devait se faire le dorage. On opéra sur cinq onces d'or, et, pour la première fois, dans un vase en fonte, sur la nature duquel nous reviendrons, et qui paraît exercer une grande influence sur le succès de l'opération. Plusieurs terrines entouraient le vase en fonte, dans lesquelles on trempait les cuivres à plusieurs reprises, soit avant, soit après leur immersion dans le bain d'or. M. Raspail ayant demandé ce que contenait l'une d'elles, elle lui fut désignée comme renfermant du nitrate de mercure; M. Gay-Lussac invita ces messieurs à ne pas y passer quelques paquets de cuivre, ce qui ayant été observé, ces cuivres sortirent noirs du bain d'or, tandis que les autres en sortaient revêtus en apparence d'une dorure supportable.

Le dorage terminé, on procéda, dans un atelier particulier, à la mise en couleur, opération subséquente, mais essentielle, et à laquelle ne résiste jamais une dorure imparfaite. La sauce adoptée se trouva être exactement celle qu'indique le deuxième brevet, et dont nous avons donné plus haut la formule, pag. 471. De son côté M. Gaultier avait apporté une autre composition dont il désira que l'on se servît sur quelques bijoux en cuivre; c'était un mélange de sel marin, d'alun et de nitrate de potasse; ce qui fut accordé. Ce qui passa à la composition adoptée par les délégués de M. Elkington n'était rien moins que beau; pas une pièce qui eût l'aspect de l'autre, et pas deux pièces, sur près de six cents, qui offrissent une dorure à peu près susceptible d'être acceptée par la grosse commission. Quant aux paquets qui n'avaient pas été passés au prétendu nitrate de mercure, ils sortirent tous dédorés et oxidés, de cette épreuve. La mise en couleur de M. Gaultier de Claubry produisit le même effet sur la portion de cuivres dorés qui lui fut soumise. Le tout, étiqueté par M. Gaultier de Claubry, fut emballé par les experts sous les yeux du président, et porté, avec un échantillon du bain d'or et du prétendu nitrate de mercure, au Muséum.

Encore une opération manquée! c'était la troisième, quoique faite dans toutes les circonstances, au moyen desquelles les délégués de M. Elkington dorent chaque jour avec le plus grand succès depuis 1836; et cependant ce n'était pas assez pour emporter les convictions de M. Gay-Lussac. Les hommes consciencieux poussent quelquefois le scrupule jusqu'à l'exagération;

ceci est quelquefois un mal pour la bourse des plaideurs qui attendent et paient. Quoi qu'il en soit, les experts s'étant réunis au Jardin des Plantes, afin de discuter ces opérations, et M. Raspail ayant émis la pensée que ces trois épreuves consécutives devaient être décisives aux yeux des plus récalcitrants, M. Gay-Lussac ne se rendit pas à une telle évidence. « Ces messieurs, dit-il, avaient pu être intimidés, contrariés par la présence des experts. » Ma conviction à cet égard, ajoutait-il, n'est pas faite, je veux qu'elle soit mon propre ouvrage; je désire donc, après avoir appris à dorer de la part de ces messieurs, chercher à exécuter une dorure par moi-même, en suivant point par point le brevet. » « Rien de plus juste, répondit M. Raspail; nous avons maintenant tous les éléments pour réussir, dans le cas où il serait possible de réussir, en suivant le brevet. Quel jour devons-nous procéder à cette opération? »

« Je désire opérer seul, reprit M. Gay-Lussac, et je vous ferai part de mes résultats. »

» C'est fâcheux, ajouta M. Raspail, car ils ne pourront pas compter au procès, n'étant qu'une œuvre individuelle. »

On en était au 5 mai, et dès le 7 M. Gay-Lussac annonçait à M. Raspail avoir parfaitement réussi, de concert avec M. Gaultier de Claubry, à dorer, d'après le brevet; l'invitant à se rendre le lendemain au laboratoire de chimie. M. Raspail, s'étant rendu au Muséum, à l'instant où ces messieurs venaient d'en sortir, s'empara, dans le bain de sciure de bois, d'un paquet de cette prétendue dorure, pour la représenter au tribunal. Le badigeonnage en jaune de nos murailles, est supérieur, pour le coup d'œil, à ce produit, tel que la mise en couleur exécutée par ces messieurs l'avait coloré. Mais quel ne dut pas être l'étonnement de M. Raspail, lorsqu'à la suivante réunion, il entendit soutenir à M. Gay-Lussac qu'il avait obtenu, de concert avec M. Gaultier de Claubry, une superbe dorure! M. Raspail s'empressa d'exhiber l'échantillon, qu'il avait saisi au laboratoire, pour savoir si ce que venait de dire M. Gay-Lussac se rapportait à ce *specimen* de dorure.

M. Gay-Lussac : C'est bien là notre dorure telle que nous l'avons gâtée en la passant à la couleur, faute de bien connaître l'exécution de la mise au mat. Mais alors j'ai prié M. Gaultier de Claubry de porter tous nos produits chez un doreur de profession, pour qu'il nous repassât une seconde fois notre dorure à la couleur, et la ramenât ainsi à un meilleur ton. Monsieur Gaultier, ouvrez notre paquet, et rendez juge M. Raspail.

M. Raspail : Sans aucun doute, cette dorure n'est pas défectueuse ; mais moi je vous déclare, et demande acte de ma déclaration, que vos échantillons, au lieu d'avoir été simplement repassés au *mat* ou à *la couleur*, ont été de nouveau dorés par un doreur plus habile.

M. Gaultier de Claubry : Je vous réponds, monsieur, qu'ils n'ont été que repassés au mat.

M. Raspail : Comme je soutiens positivement le contraire, ayons recours à l'expérience. Vous savez maintenant mieux passer à la couleur. Ayez la bonté de traiter de cette manière cet échantillon que je vous ai surpris, et de m'en ramener le ton de terre à poêle à ce ton de belle dorure que vous m'exhibez.

M. Gaultier : Je ne me donne pas comme doreur de profession.

M. Raspail : Transportons-nous donc chez le doreur qui est parvenu à exécuter ce tour de force ; et acceptez mon défi qu'il ne le renouvellera pas devant moi.

M. Gaultier : Je préfère regarder notre opération comme non avenue, et désire qu'il n'en soit nullement fait mention dans nos rapports.

M. Raspail : Je ne saurais vous le promettre, je me réserve d'en parler dans le mien.

M. Gay-Lussac : Convenons donc d'opérer tous les trois ensemble, et je vous démontrerai que l'on peut parfaitement dorer à l'aide du seul brevet.

M. Raspail : Et aidés en partie par la connaissance des divers secrets. Cependant, pourvu qu'il soit tenu note de tout dans un procès-verbal signé des trois experts, j'y consens encore.

Le jour du rendez-vous, qui avait été fixé dès la veille, à M. Raspail, par M. Gay-Lussac, dans une lettre particulière, pour le samedi, M. Gaultier, dans une entrevue qu'il eut le même jour avec M. Raspail à la Sorbonne, le fixa au mardi suivant, en assurant que M. Raspail avait mal compris la lettre.

Enfin, la séance eut lieu le mardi, pour convenir du marchand de produits chimiques chez lequel on prendrait les acides, et l'on fixa au 14 mai l'opération de dorure.

Dans cette séance, qui eut toujours lieu au Muséum, dans le laboratoire de M. Gay-Lussac, MM. Gaultier de Claubry et Gay-Lussac exécutèrent cette opération comme ils l'entendirent, assistés du domestique et du préparateur de M. Gay-Lussac ; M. Raspail n'ayant pu obtenir de ces messieurs la permission de se faire assister, même d'une seule personne. M. Raspail se contentait donc de leur prêter les mains, et d'étudier leurs procédés, dans le but d'y retrouver la cause de leur réussite.

On opéra encore sur 77 grammes d'or, et l'on composa l'eau régale comme dans les expériences précédentes; mais la *recuite* et le *dérochage* furent exécutés avec un soin tout particulier.

Les cuivres étaient soumis au feu sur une pelle à main en cuivre, recouverts de charbons incandescents, et tenus dans cet état jusqu'à ce qu'ils fussent arrivés au rouge-blanc.

On les retirait alors un à un, pour les laisser passer au gris de fer. On les jetait ensuite dans une casserole en cuivre, remplie d'une eau acidulée par l'acide sulfurique, et marquant environ 8 degrés. On plaçait la casserole sur le feu, on portait le liquide à l'ébullition pendant un quart d'heure, et l'on rinçait à grande eau sous la fontaine du laboratoire.

On s'occupa ensuite du décapage, pour lequel il leur avait été adressé, au Muséum, une bouteille noire bouchée à l'émeri, de la capacité de plusieurs litres; le goulot était enveloppé d'une baudruche, sur laquelle MM. Raspail et Gaultier de Claubry avaient respectivement apposé leur cachet. Il se trouva que la baudruche avait disparu, comme rongée par un acide, et que le cachet de M. Raspail n'était plus reconnaissable; celui de M. Gaultier, qui avait été apposé sur le goulot étant seul intact, M. Raspail prit de vive voix ses réserves, ainsi que ces messieurs; et il consentit à se servir de cet acide.

On décapa à la suie et au sel; mais ici des masses de paquets sortirent noirs comme de la suie. Chose étonnante, et qui prouvait que ces messieurs savaient peu décaper.

Le fait ayant été constaté, et M. Raspail ne voulant pas qu'on pût rejeter l'insuccès de la dorure sur un mauvais décapage, s'empara de ces cuivres, les repassa aux acides avec un tour de main particulier, et les sortit si bien décapés que M. Gay-Lussac en fut satisfait. Mais en même temps M. Raspail resta convaincu, en voyant son propre ouvrage, et par l'habitude qu'il avait de ce procédé, que l'acide nitrique présumé, dont on venait de se servir, était un acide composé, dont nous avons déjà parlé plus haut, page 476.

Cette quantité n'ayant pas été suffisante pour la quantité de cuivres employés, elle fut remplacée par une nouvelle quantité d'acide, que l'on alla prendre dans le laboratoire, et qui ne fut pas soumise à l'examen de M. Raspail.

Passons maintenant au dorage, la partie de l'opération dans

laquelle MM. Gay-Lussac et Gaultier de Claubry s'écartèrent, de la manière la plus large, des méthodes suivies jusqu'à ce jour-là, dans toutes les réunions précédentes.

La dissolution d'eau régale décantée fut versée, par M. Gaultier de Claubry, avec deux litres d'eau bouillante, dans un vase en grès fausse porcelaine qui avait servi aux précédents essais de dorure. Il satura ce liquide avec 4 kilog. 500 de bicarbonate de potasse, il l'étendit avec cinq nouveaux litres d'eau bouillante, et il plaça le vase en grès sur le feu pour l'abandonner à l'ébullition des deux heures indiquées par le brevet, et qui ne comptèrent, pour ces messieurs, que du moment où le thermomètre marqua 105° environ; il ajouta deux autres litres d'eau chaude à fur et mesure que le liquide tarissait; le vase fut alors enlevé du feu pour laisser déposer. Dès que le précipité noir parut terminé, M. Gaultier de Claubry décanta le liquide.... mais, cette fois-ci, dans un vase en fonte qui paraissait pour la première fois. Sur l'observation de M. Raspail, que le brevet ne parlait que d'un vase en terre, et qu'on ne devait opérer que dans les termes du brevet, et non avec des vases tenus secrets, ces messieurs avouèrent avoir pris ce vase chez M. Elambert, l'un des délégués de M. Elkington, assurant que la préférence donnée à ce vase n'avait d'autre but que d'obtenir une ébullition constante et d'éviter la casse. M. Raspail ayant pris ses réserves, on plaça le vase sur le feu, pour l'abandonner de nouveau à l'ébullition.

Dorage. — Les deux heures d'ébullition terminées, le bain d'or se trouva réduit de près des 4/5. On le laissa sur le feu, et l'on procéda à l'immersion des cuivres. Diverses terrines furent placées près du bain : l'une renfermant l'acide, que l'on prit au laboratoire sans le soumettre encore à l'examen de M. Raspail, l'autre pleine d'une dissolution étendue et limpide de nitrate de mercure. Les cuivres, trempés d'abord dans ce nitrate de mercure, en sortaient blanchis; on les rinçait à l'eau, on les passait à l'acide, à l'eau et au bain d'or; ou bien on les passait au bain d'or avant le nitrate de mercure. Mais en revenant de sécher un paquet de dorure, M. Raspail s'aperçoit que le bain de mercure, si limpide une seconde auparavant, était précipité en jaune, et que les cuivres qui en sortaient n'étaient pas blanchis du tout. Il en manifesta son étonnement; et ces messieurs consentirent à y verser une nouvelle quantité d'acide nitrique, pour dissoudre le précipité.

La dorure terminée, il s'agissait de la mettre en couleur;

MM. Gay-Lussac et Gaultier de Claubry ne voulurent point procéder à cette opération par eux-mêmes; ils proposèrent de la confier à un doreur de leur choix. Ce à quoi M. Raspail ne voulut pas consentir; en sorte qu'il fut convenu qu'on enverrait le tout au tribunal en cet état.

Procès-verbal ayant été dressé de toutes les opérations, les experts se séparèrent, pour rédiger individuellement leurs rapports et les déposer le même jour; ce qui eut lieu le 18 juin 1841.

Nous avons extrait, presque textuellement, cet historique, des divers rapports d'experts déposés au greffe. Avant de procéder à la discussion de ces faits, il est bon de donner la liste des rapports officieux et officiels qui ont paru dans cette affaire, et auxquels nous allons continuer d'emprunter nos renseignements.

Le 15 mars, il fut distribué au tribunal, de la part du breveté, un imprimé in-4° de 88 pag., renfermant : 1° la copie du brevet d'invention et des divers brevets d'addition pris en France par M. Elkington; 2° les procès-verbaux de saisie; 3° les rapports de M. Chevallier, commis par M. le juge d'instruction; 4° le mémoire justificatif des saisis, rédigé par M. Raspail; 5° la note en réponse de MM. Pelletier, Payen et Gaultier de Claubry.

La réponse que M. Raspail avait opposée à cette dernière note y a été omise.

Les saisis ont successivement distribué au tribunal : 1° cette dernière réponse datée du 5 février 1841, et accompagnée d'une opinion conforme de M. Desfossé, ancien chimiste en chef de la manufacture de Sèvres, in-8° de 23 pages; 2° un précis des moyens invoqués par eux, également rédigé par M. Raspail, in-8° de 8 pages; 3° une note analytique extraite des rapports d'experts nommés par le tribunal, in-8° de 16 pages.

Quant aux rapports d'experts nommés par le tribunal, en voici la liste prise au greffe :

1° Quatre procès-verbaux faits en commun entre MM. Gaultier de Claubry et Raspail, à la date des 20, 25, 27 mars et 17 avril.

2° Trois procès-verbaux faits en commun entre MM. Gaultier, Gay-Lussac et Raspail, les 5 et 8 mai.

3° Rapport individuel de M. Raspail sur les opérations de la première expertise exécutée à la Sorbonne, clos le 8 avril.

4° Rapport individuel de M. Gaultier de Claubry sur la même expertise, clos le 23 avril. (Ces deux rapports déposés le 24 avril.)

5° Rapport individuel de M. Raspail sur la deuxième expertise commencée et terminée au Muséum, clos le 1er juin, et déposé le 18 juin, et suivi d'une réfutation du rapport de M. Gaultier sur la première expertise, ainsi que des lettres et pièces à l'appui.

6° Rapport collectif de MM. Gaultier de Claubry et Gay-Lussac sur les opérations de la seconde expertise, clos le 15 juin, et déposé le 18.

7° Réfutation des points principaux de ce dernier rapport par M. Raspail, clos le 1er juillet, et déposé le 4 août 1841.

Ces rapports étaient appuyés par plus de 200 bocaux remplis de dorures, qui sont restés déposés dans le cabinet de M. le président, comme pièces acquises au procès.

Nous le répétons, c'est dans l'ensemble de ces divers renseignements authentiques, que nous puisons toutes nos assertions.

II. *Discussion des principes de droit.*

La législation relative aux brevets d'invention ne donne lieu à tant de procès et de jugements contradictoires, que parce qu'elle est fondée sur un principe, dont la discussion n'a nullement été approfondie. De là, vient son laconisme, et partant son ambiguïté. A part une addition promulguée vers 1832, la matière en est encore réduite aux lois de l'Assemblée nationale du 7 janvier et du 25 mai 1791.

Il fut établi, à cette époque, que toute découverte industrielle méritait une récompense. Mais que de discussions n'aurait-il pas fallu subir, avant d'avoir droit à la récompense, et combien de véritables découvertes n'auraient pas souffert d'un retard, malheureusement nécessaire, pour évaluer les découvertes douteuses ! La concession du monopole de l'exploitation parut le moyen le plus expéditif, afin de prévenir tous les dénis de justice de la part de l'administration, et tous les subterfuges de la part des demandeurs.

L'Etat accorda, pour un certain nombre d'années, aux inventeurs, le droit d'exploiter à leur profit, et à leurs risques et périls, l'objet de leur découverte, à l'exclusion de tout autre, leur réservant la faculté d'opérer des saisies partout où ils soupçonneraient une contrefaçon, et de poursuivre ensuite les imitateurs selon toute la rigueur des lois. Pour prix de cette protection accordée au monopole, l'Etat devenait propriétaire du secret, à l'expiration de la durée de l'exploitation ; et l'Etat c'est tout le monde. Le brevet tombait alors dans le domaine public.

« Si la découverte est fausse, avait-on dit, elle se privera elle-même de sa récompense, elle sera son propre juge après le public ; car elle n'aura pas de débit ». Cela n'est pas tout-à-fait exact ; car pour fructifier, une découverte a toujours besoin d'un peu d'aide, et il est bien des inventeurs qui n'entendent rien à être exploitateurs; tandis que l'on voit des découvertes, qui n'en sont pas, faire fortune assez rapidement.

Mais si la découverte est utile, il est fort possible que le monopole soit désastreux, outre que tout monopole porte toujours en soi un caractère plus ou moins odieux.

Car on peut diviser, sous le rapport de l'économie manufacturière, les découvertes industrielles en deux ordres : les unes qui créent un nouveau produit, et dont l'exploitation ne ruine aucune industrie déjà établie; les autres qui ne créent qu'une nouvelle manière de fabriquer un produit déjà connu dans le commerce. Cette dernière catégorie peut se subdiviser en deux autres; car il peut arriver que la nouvelle méthode de fabrication réduise le prix du produit, tout en améliorant la qualité; ou bien que, sans réduire le prix ni améliorer sa qualité, elle ne fasse que diminuer les frais de la fabrication. On conçoit facilement que le monopole de cette dernière catégorie ruine bien des industries déjà établies, et ne profite à personne, si ce n'est au monopoleur, qui peut bien n'en être pas l'inventeur. Sous ce rapport, la loi sur le monopole appelle une réforme, qui finira par se résumer en l'achat de l'invention aux frais de l'Etat, sauf son recours, pour se rembourser, contre les exploitants qui en profitent. Mais en attendant que la loi soit modifiée, on sent très bien que c'est dans ce cas que les tribunaux doivent redoubler de rigueur, quand ils sont saisis d'une demande en déchéance, pour dissimulation des vrais moyens d'exécution.

Comment, en effet, se montrer indulgent envers un inventeur qui vient dire à l'Etat : « Je vous demande, pendant quinze ans, le monopole de l'exploitation d'un procédé, qui va fermer deux ou trois cents ateliers occupés jusqu'à ce jour de la même industrie »; si ce demandeur se présente avec une description, qui ne donne nullement le moyen d'exécuter le procédé ? Autant vaudrait-il que l'inventeur demandât le monopole à perpétuité. Et combien cette dissimulation est encore plus coupable, si c'est un étranger qui vient, dans ce cas, demander aide et protection, pour une importation qui ruine nos fabriques, qui réduit à une entière privation de travail de nombreux ouvriers lesquels n'ont pas d'autre industrie, et rend tributaires d'un inconnu, et quelquefois d'un simple spéculateur, les maisons les mieux accréditées dans le commerce, et les plus indépendantes par leur industrie et leur position ?

C'est ce côté odieux du monopole qui avait principalement fixé l'attention de Jacques Ier, roi d'Angleterre, dans la rédaction de son statut, lorsqu'il dit qu'une nouvelle invention qui produit, au moyen de machines, autant d'ouvrage en un jour que pourraient en faire un très grand nombre de personnes, est contraire à ses statuts, par la raison qu'elle expose beaucoup d'ouvriers à manquer de travail (3. inst. 184). Résolution plus désespérée que rationnelle, et qui tendrait à rendre l'industrie aussi stationnaire que l'est l'administration des Etats. Il faut que l'industrie marche, invente, simplifie le travail, multiplie à moins de frais les produits, réduise la peine et augmente le profit; mais, parallèlement et d'un autre côté, il faut aussi que l'Etat qui profite de l'innovation, car l'Etat c'est tout le monde, que l'Etat, dis-je, s'applique à dédommager amplement les quelques uns qui sont froissés par cette révolution.

Dans ces quelques mots, est la base d'une nouvelle législation sur les brevets d'invention. En attendant cette réforme, les tribunaux ne sauraient se montrer trop sévères, envers ceux qui demandent un tel monopole et n'en remplissent pas les conditions. Or, la première et la plus indispensable de ces conditions, est de décrire le procédé, la machine, le moyen enfin d'exploiter la découverte, avec tant de clarté et de précision, que chacun, à l'expiration du terme, et lorsque la découverte tombera dans le domaine public, puisse aussi bien réussir que l'inventeur et le breveté lui-même. Il faut que le moindre oubli essentiel, dans la partie descriptive, entraîne la déchéance; car il est des riens, en apparence, d'où dépend le succès de l'opération. Malheureusement certains membres du comité consultatif paraissent professer, à cet égard, des idées moins conformes à l'esprit de notre législation et à la jurisprudence adoptée par les tribunaux. On a entendu avec regret l'un d'eux soutenir, dans cette affaire, des doctrines qui n'aboutiraient à rien moins qu'à renverser d'un mot toute la sage économie de l'article 16 de la loi du 7 janvier 1791. « Que m'importe, lui a-t-on entendu dire, » que ni vous ni moi ne puissions réussir à produire une do- » rure acceptable par le commerce, s'il m'est démontré que, » par un procédé quelconque, les brevetés réussissent fort bien » à dorer? Ne faut-il pas prendre quelques précautions contre » la contrefaçon et la concurrence? Si l'on disait tout, et à tout » le monde, que se réserverait-on pour soi? Vous me dites qu'il » y a un secret dans le *dérochage*, un secret pour le *décapage* : » deux secrets sans lesquels il serait impossible d'obtenir la

» moindre dorure par ce procédé. Le brevet étant un brevet de » dorure, et non de *dérochage* ou de *décapage*, je laisserai les » patentés *dérocher* et *décaper* comme bon leur semblera, et » puis tremper, comme bon leur semblera, les cuivres dans le » bain d'or dont ils ont donné la formule. S'ils en sortent une » bonne dorure, cela me suffira, et je déclarerai le brevet va- » lable de tout point.»

De pareils principes, nous devons les divulguer, afin que l'administration s'en méfie, et que les tribunaux se précautionnent contre de tels errements. Nous ne nous expliquerons pas ici d'une manière plus explicite.

En résumant ces idées, nous dirons : protection contre la contrefaçon à l'homme qui invente; indemnité à ceux qu'il ruine; sévérité absolue contre l'inventeur, si belle que soit son invention, qui ment dans sa description, qui demande protection pour un mensonge, qui reçoit un bienfait onéreux à la société, et se prépare à ne pas en payer le salaire, qui fait mine de vendre à l'Etat son secret au prix d'un monopole de plusieurs années, et ne cède en échange que des mots sans valeur, qu'une description mensongère; car non seulement cet homme vole l'Etat, mais encore il se ménage le moyen de voler tous les inventeurs qui pourraient lui faire concurrence, en profitant de l'ambiguïté de sa description, pour s'attribuer toutes les découvertes analogues des autres.

III. *Application de ces principes au nouveau procédé de dorure sans mercure.*

Sous le rapport de la beauté du travail et de la facilité d'exécution, le procédé de la dorure par le mercure laissait bien peu de chose à désirer.

Mais le mercure est pour la France une substance exotique; mais le mercure est une substance délétère pour la santé des ouvriers; et il y a déjà bien long-temps que les sociétés savantes ont proposé des récompenses à celui qui, d'une manière ou d'une autre, arriverait à paralyser de si fâcheux résultats, et à protéger les pauvres doreurs contre les émanations de l'agent qu'ils respirent par tous leurs pores. L'Académie de Genève couronna, en 1793, un mémoire de H. A. Gosse sur ce sujet L'auteur s'était appliqué à augmenter le tirant des cheminées, pour entraîner plus vite et plus complétement les émanations. Mais il paraît, ou que les doreurs se montrèrent indifférents à l'amélioration, ou que l'amélioration n'était pas complète; car nous voyons, en 1816, l'un des plus habiles fabricants de bronze, Ravrio, fonder un prix de 3,000 francs qui devait être décerné, par l'Académie des Sciences, au meilleur travail sur les procédés propres à préserver les doreurs des accidents du mercure; prix qui, quelques années plus tard, fut décerné à M. d'Arcet, pour un système de ventilation basé sur les mêmes idées que le système de Gosse.

On ne saurait donc disconvenir que la découverte d'un procédé de dorure qui se serait passé de l'intermédiaire du mercure, aurait été par ce seul point un bienfait pour l'humanité; et, sous ce rapport, on ne saurait trop rendre grâces à l'inventeur du procédé qu'exploite, en Angleterre, M. Elkington. (On nous assure que le véritable inventeur est un Français méconnu en France, ce bon pays qui impose le dévouement à ses enfants, et puis les abandonne à toutes les conséquences désastreuses que le dévouement entraîne à sa suite.) Mais ce procédé ne remplit qu'une moitié du programme; car, jusqu'à présent, il n'a pu s'appliquer aux grands bronzes, tels que pendules et candélabres, et il ne réussit bien que pour les bijoux en cuivre.

D'un autre côté, ce procédé rivalise bien avec le mercure pour ces petits objets; mais il revêt les cuivres d'une couche d'or bien inférieure, et qui n'est qu'un cinquième environ de celle qu'y applique l'amalgame de mercure; ce qui fait que la dorure par le mercure est un peu plus durable que celle-ci; différence du reste dont l'importance n'est pas si grande qu'elle le semble au premier abord, et qui tourne même à l'avantage du nouveau procédé; car il offre une économie qui profite au fabricant et ne nuit en rien à l'acheteur. En effet, ce n'est pas la quantité plus ou moins grande d'or appliquée sur le cuivre que recherche l'acheteur: c'est la beauté de la dorure; et, sous ce rapport, il veut que la dorure soit plus belle que l'or pur. Ce n'est pas tant à la durée qu'il s'attache, qu'à l'élégance d'un produit qui ne tarde pas à passer de mode, et qui dès lors est jeté au rebut, or et cuivre, comme un objet désormais sans prix et sans attrait. Enfin, ce n'est pas à dix centimes de plus ou de moins que s'attache l'avarice de la vanité, pour des charmants colifichets, dont le mieux travaillé dépasse à peine la valeur de deux francs.

L'invention de la dorure sur bijoux sans mercure est donc une de celles dont l'exploitation ne profite qu'au monopole. J'oubliais un autre genre d'avantage qui vient encore à l'appui de ce que je dis, c'est que par ce procédé on évite la casse des petits objets, des toiles métalliques, dont le léger réseau est si souvent dévoré par l'action corrosive du mercure.

On nous représentera que nous oublions un autre genre d'avantage, qui est que désormais les ouvriers doreurs seront préservés du mercure. Mais s'ils ne sont préservés, ouvriers et maîtres, du danger de mourir du mercure, qu'à la condition de mourir de faim, comme le dit M. Raspail, dans un de ses rapports, je ne vois pas que la compensation soit trop à leur avantage. Quoi qu'il en soit, il ne faut pas faire sonner trop haut cet avantage hygiénique; car le nouveau procédé est aussi désastreux, par la fumée de la masse d'acides dans lesquels on trempe les cuivres, que peut l'être l'ancien procédé par les émanations mercurielles. Le mercure attaque les nerfs, mais les acides dévorent les poumons; le résultat définitif est le même, si l'on ne redouble pas de précaution, pour se mettre à l'abri des produits gazeux.

En sorte que si le breveté a, dans sa description, dissimulé ses vrais moyens d'exécution, qu'il n'ait donné que des renseignements irréalisables, il est bien plus coupable qu'un autre, par cela seul qu'il est étranger, citoyen d'une nation rivale, lui qui n'apporte à notre consommation rien de plus que ce que nous avions, qui d'un seul coup ferme nos ateliers de dorure, et n'en reste pas moins propriétaire de fait de son monopole, même à l'expiration du terme accordé à son exploitation, par la précaution qu'il aurait prise de garder pour lui le secret d'où dépend le succès de cette dorure.

Nous avons supposé, dans tout ce que nous venons de développer, que l'invention porte tous les caractères d'une découverte, qu'elle n'est point une simple modification d'un procédé déjà connu, qu'elle n'est pas décrite dans les livres (§ 3 de l'art. 16 de la loi du 7 janvier 1791); car dans ce cas, elle serait de fait du domaine public; et quiconque fonde la propriété de son monopole sur un fait de ce genre, encourt de droit et de fait la déchéance de son privilége.

Nous allons donc examiner dans les paragraphes suivants 1° si le procédé dont M. Elkington réclame la propriété ne serait pas tombé déjà dans le domaine public; 2° si M. Elkington n'aurait pas dissimulé ses vrais moyens d'exécution, dans la description annexée à sa demande d'un brevet.

IV. *Opinion de M. Raspail, expert désigné par les saisis et nommé par le tribunal, sur les deux questions précédentes.*

1° Le procédé de M. Elkington est un procédé de dorure sans mercure, que M. Chevallier avait qualifié de procédé *au trempé et par immersion.* Ces deux dernières expressions ne tendaient à rien moins qu'à investir M. Elkington du droit d'opérer des saisies, chez tous nos horlogers, nos couteliers, armuriers et ouvriers en objets de cuivre, qui de temps immémorial dorent par immersion, divers ornements, sur les pièces de leur spécialité. Une dénomination suffit souvent pour constituer titre ; on fait toujours bien de définir avec précision, pour s'opposer à la prescription. Le procédé de M. Elkington se réduit à tremper dans une dissolution régale d'or, alcalisée par le carbonate de potasse, des objets en cuivre parfaitement nettoyés.

Or, avant M. Elkington, on avait produit de la dorure par un procédé analogue, et sans l'intermédiaire du mercure.

Les horlogers qui doraient les petits ornements de cuivre ou d'acier en les trempant dans l'eau régale, avaient à lutter contre l'action corrosive de l'acide.

Pour obvier à cet inconvénient, Baumé (*Chimie expérimentale*, t. III, p. 92) imagina d'évaporer l'eau régale et d'obtenir le chlorure d'or cristallisé, qu'il séchait entre des feuilles de papier joseph, et faisait redissoudre dans l'eau distillée. Le procédé ainsi modifié, et qui était un véritable procédé au trempé et par immersion, rendait le résultat plus sûr, mais ne permettait pas de dorer un grand nombre de pièces : la dorure absorbant la base du sel, mettait trop vite en liberté la cause corrosive des cuivres.

Que restait-il pour perfectionner ce procédé, si ce n'est d'ajouter à l'eau régale une quantité d'alcali en excès, mais pas assez pour précipiter l'or ? C'est cette addition seule, dont M. Elkington réclame la propriété dans son brevet du 15 décembre 1836 : « CE QUE JE RÉCLAME PARTICULIÈREMENT, y dit-il, comme ma propriété, C'EST L'EMPLOI DU CARBONATE DE POTASSE OU DE SOUDE, AVEC UNE DISSOLUTION D'OR. » C'est là, d'après lui, que gît toute sa découverte, et il ne réclame le monopole de rien de plus.

Or, Glauber (1), en s'occupant de l'or potable en médecine,

(1) *De auro potabili, pars quarta furnorum philosophicorum, et pars secunda,* page 132 (édition Amsterdam 1651).

avait reconnu qu'il suffisait d'ajouter, à la dissolution régale d'or, un acide végétal (le suc de citron, par exemple) pour empêcher la liqueur des cailloux (silicate de potasse) de précipiter l'or.

Or, sur un précipité semblable, faites parvenir de l'acide carbonique, n'aurez-vous pas le bain d'or modifié par M. Elkington?

« Margraff a découvert, dit Macquer (1), que l'or précipité » par un alcali, de sa dissolution de l'eau régale, est dissoluble » ensuite par tous les acides seuls, même par les acides végé» taux; d'ailleurs, l'or dissous dans l'eau régale n'est point tout» à-fait précipité. Enfin, l'or peut être dissous dans les alcalis, » par le procédé de la teinture martiale alcaline de Stahl. »

Baumé avait dit: « *L'alcali fixe ne précipite pas sur-le-champ l'or de l'eau régale qui a été faite avec l'acide marin (muriatique) et l'acide nitreux; ce n'est que quelques jours après que l'or se précipite* (2). »

Proust (3) s'était déjà aperçu, après Bergmann, que les carbonates alcalins n'étaient pas plus avantageux que les alcalis pour la précipitation de l'or.

Duportal et Pelletier (4) en répétant les expériences de Proust, s'expriment de la sorte: *La présence de l'acide carbonique s'oppose sensiblement à la précipitation (de l'or dissous dans l'eau régale); par le carbonate de potasse, il ne se fait aucun précipité, et la liqueur ne change pas d'aspect; en la chauffant un peu, sa couleur passe du jaune au vert, et il se dégage une grande quantité d'acide carbonique.*

Il serait difficile de vouloir établir que la combinaison, dont M. Elkington réclame uniquement la propriété, n'est pas, mot à mot, celle que désigne si textuellement la phrase précédente.

Plus tard, Pelletier (5) revenant sur tous ces faits, remarque *que la potasse forme avec l'or une combinaison soluble, même par un grand excès d'alcali;* que l'hydrochlorate double d'or et de potasse est tellement soluble, que l'or n'est plus précipité par l'action de l'alcali.

Nous avons cité plus haut l'eau régale des Allemands, qui est modifiée par l'addition d'hydrochlorate d'ammoniaque.

(1) *Dictionnaire de chimie*, in-8, t. II, p. 164, art. *Or.*

(2) *Eléments de pharmacie*, t. II, p. 218 (1797).

(3) *Journal de physique*, t. 62, p. 135. 1806.

(4) Voy. *Journal général de médecine* de Sédillot, t. XL, p. 274 (1811).

(5) *Annales de chimie et de physique*, t. XV, p. 1 et suiv.

Figuier (1) a fait les mêmes observations, pour le sel marin ajouté à l'eau régale, dans la proportion de une partie de sel marin pour quatre parties d'or.

L'emploi du carbonate alcalin, dans la dissolution de l'or par l'eau régale, était donc un fait acquis à la science et à l'industrie, avant M. Elkington. Mais, dira-t-on, on ne s'était jamais imaginé qu'en plongeant un métal quelconque dans cette mixture, on pût le retirer recouvert d'une couche d'or. *A priori*, on doit penser qu'un pareil fait n'a pu échapper à aucun de ces expérimentateurs. Qui douterait qu'une lame de cuivre puisse se couvrir d'or dans un bain d'or alcalin, une fois qu'il est constaté que même dans l'eau régale pure une lame de métal peut se dorer?

Mais les preuves directes ne manquent pas à cet égard. Proust avait déjà observé un fait de ce genre qui à lui seul suffirait pour décider la question. « Souvent il arrive, dit Proust (2), » que du jour au lendemain la précipitation de l'or par les alcalis » s'achève ; mais au lieu d'ajouter à la poudre noire, elle le cou» vre d'une pellicule métallique, ou même elle dore le vaisseau » de la manière la plus brillante ; j'en conserve un dans cet état, » comme objet de curiosité. »

Pour s'assurer que le liquide alcalin contenait de l'or, Duportal et Pelletier y plongeaient une lame d'étain, qui s'y couvrait d'une couche d'or (3).

En conséquence, le bain d'or dont M. Elkington réclame la propriété était du domaine public avant M. Elkington. On savait, avant lui, qu'un métal qu'on y plonge est susceptible de se couvrir d'une couche d'or.

Le principe et l'application de ce nouveau procédé de dorure se trouvaient donc déjà dans le domaine public.

Il est juste d'avouer que jusqu'à M. Elkington, il n'était venu dans l'esprit d'aucun chimiste d'en faire une application directe à l'industrie, et d'en obtenir une dorure acceptable dans le commerce et susceptible de rivaliser avec la dorure par le mercure. Mais faire une branche de commerce d'un produit déjà connu, cela ne constitue jamais un droit privatif à son exploitation.

Nous avouerons encore que ni Proust, ni Duportal et Pelletier n'auraient pu se flatter d'avoir obtenu le moindre des effets de

(1) *Journal de pharmacie*, t. VIII, p. 15.

(2) *Journal de physique*, t. LXII, p. 135.

(3) *Loco citato*, p. 281.

dorure qu'on obtient, dans ses propres ateliers, du procédé Elkington. Mais la beauté du produit ne peut être regardée que comme un DEGRÉ de perfectionnement, et non un GENRE de perfectionnement; et la loi n'accorde la faveur du monopole qu'à la découverte d'un nouveau GENRE de perfectionnement, et non à celle d'un simple DEGRÉ de perfectionnement (article 2 de la loi du 7 janvier 1791). La loi américaine du 21 février 1793 ne regarde pas, comme une découverte, des changements de forme ou de proportions d'une machine, ou d'une composition de matière, dans un DEGRÉ quelconque; et cette disposition est fort sage pour empêcher le monopole, toujours envahisseur, d'accaparer à lui seul toutes les voies par lesquelles la concurrence, cette rivalité active comme le besoin, féconde comme le génie, peut se jeter, pour faire progresser les arts et l'industrie. Supposons cependant que M. Elkington ait découvert un procédé, vraiment nouveau et distinct, de tirer une belle dorure du bain d'or qui était dans le domaine public, ce qui lui donnerait un droit incontestable à la concession du monopole, il serait indispensable, sous peine de déchéance, que l'inventeur eût pris soin de parfaitement décrire ses vrais moyens d'exécution, dans sa demande du brevet. Nous allons démontrer que cette précaution *sine quâ non*, M. Elkington a eu soin de ne pas la prendre.

Ruinés par cette innovation, les doreurs français s'empressèrent, comme on s'en doute, de s'assurer de la valeur du procédé. Il n'est pas de modifications qu'ils n'aient puisées dans leur grande habitude de l'art du doreur, pour arriver à un résultat analogue à ceux qui sortent chaque jour des ateliers des délégués de M. Elkington. Ils n'ont jamais pu y réussir.

M. Raspail a essayé à plusieurs reprises, et toujours vainement, d'obtenir des effets de dorure en suivant les indications du brevet; il a donné pour garant de sa véracité M. Labonté, habile métallurgiste; M. Desfossé, chimiste en chef de la manufacture de Sèvres; MM. Barruel oncle et neveu; M. Lassaigne, professeur de chimie à l'école d'Alfort. De ses expériences il résulte : 1° que les proportions du bain d'or sont tellement mal exprimées, qu'il est impossible d'en découvrir les rapports; 2° si l'on plonge les cuivres, décapés à la manière ordinaire et secs, dans le bain d'or, les cuivres ne prennent l'or que par place, et ensuite ces plaques d'or ne résistent pas au frottement, et encore moins au bruni; 3° si l'on plonge les cuivres dans l'acide nitrique, avant de les immerger dans le bain d'or, la dorure vient moins mal, mais elle ne vient pas bien, et cette modification n'a pas été mentionnée par le brevet ; 4° l'inventeur conseille un mat ou une couleur, dont il ne donne ni la dose ni l'espèce : c'est le nitrate de mercure. Mais si l'on plonge dans le nitrate de mercure avant le bain, le mercure dont se revêt le cuivre gâte e bain d'or ; après le bain, il gâte la dorure. Peut-être y a-t-il une proportion favorable ? Mais c'était à l'inventeur à la préciser. 5° Enfin, la mise en couleur est renvoyée à la méthode usitée dans la dorure par le mercure ; or, par cette couleur on altère, on enlève jusqu'aux dernières traces de dorure qu'on a pu ob-enir de ce bain. D'un autre côté, quelque précaution que l'on prenne, en suivant point par point le procédé, on n'arrivera jamais à reproduire une dorure uniforme ; chaque objet ayant une couleur différente, et ne venant jamais du même ton, ou ne venant jamais d'une manière complète, chaque pièce ayant un défaut différent, des lacunes de diverses dimensions ; en sorte qu'alors qu'on réussirait à produire, sur une pièce, quelque chose de passable, il n'en est pas moins vrai que, pour arriver à un résultat de la valeur de quelques centimes, on aurait été obligé de sacrifier un bain d'or de la valeur de plus de trois cents francs. Enfin, la dorure ainsi obtenue ne tient ni au bruni ni à la mise en couleur ; le bruni l'écaille et laisse à découvert le décapage du cuivre ; le passage à la couleur dévore l'or et oxide le cuivre : l'accessoire dégrade ainsi le principal.

Car il ne faut pas croire que, pour s'arroger le titre d'inventeur en dorure, il suffise d'appliquer tant bien que mal un peu d'or sur un cuivre. Ce n'est pas de l'or seulement qu'il suffit d'appliquer, mais bien de la belle et bonne dorure ; car la dorure est une supercherie qui doit se faire pardonner, par l'éclat de la forme, la dissimulation du fond. Il faut que le chaland soit pris à l'œil, mais que le fabricant y trouve son profit. Or, pour qu'il y trouve son profit, il faut que le résultat soit constant, uniforme et complet d'un bout à l'autre.

Soumettons en effet cette idée au calcul d'or :

Un bain d'or, dans lequel entrent 77 grammes (deux onces et demie environ), revient à :

77 grammes (2 onces 1/2) (1),	268 fr.
Bicarbonate de posasse 5 kilog.,	20
Acides et combustible,	20
	308

Un pareil bain peut servir à dorer 25 kilogrammes de bijoux

(1) L'once d'or coûte 107 fr. au degré de 997.

en cuivre; ces bijoux prenant 1/325 de leur poids d'or. Le kilo de ces bijoux, estampés et soudés, prêts enfin à être plongés dans le bain, coûte en moyenne 50 fr.; les 25 kilos reviennent donc à 1,250 fr. au bijoutier. Celui-ci paie 1 fr. par once au doreur, ou 32 francs par kilogramme de bijoux. Si le doreur manque son opération, non seulement il perd son or, mais encore il est obligé de restituer la valeur des cuivres. S'il réussit, il reçoit 800 fr. pour ses honoraires; d'où, défalquant les 308 fr. de frais, il lui reste en bénéfice 492 fr. Mais supposons qu'il ne réussisse qu'à moitié seulement, il reçoit 400 fr. pour la portion réussie; mais il restitue 625 fr. pour la portion manquée. Il a fait 308 fr. de frais pour les matières premières; sa perte est donc de 533 fr., sans parler de la paie des ouvriers employés, des frais ordinaires d'établissement et du temps perdu. Mais c'est bien pire si l'on ne réussit que sur le quart et le tiers. Donc, un procédé qui n'offrirait aucune garantie de succès constant et uniforme ne saurait donner matière au monopole d'un brevet d'invention : la loi sur les brevets d'invention n'ayant pas été élaborée pour les projets irréalisables ou en germe. Dans ses ateliers, du reste, M. Elkington ne manque jamais sa dorure; et depuis 1836 il a réalisé d'assez amples bénéfices, dont le chiffre paraît s'être élevé à un million pour ses associés français seulement. Donc il a dissimulé, dans sa description, *ses vrais moyens d'exécution*; que ces moyens consistent dans un tour de main, dans l'addition, soit d'une substance quelconque, soit d'un procédé secondaire plus ou moins compliqué.

Comment se ferait-il autrement que tant de chimistes, et qui plus est tant de doreurs, eussent échoué dans leurs tentatives, s'il suffisait d'appliquer les formules du brevet, pour obtenir une dorure acceptable par le commerce?

M. Chevallier, commis par le juge d'instruction, n'a réussi qu'en faisant deux fois dorer devant lui les délégués de M. Elkington, et jamais en dorant lui-même.

MM. Pelletier, Payen et Gaultier, soutiennent être parvenus à dorer parfaitement bien et du premier coup, en suivant les seules indications du brevet; mais M. Raspail a expliqué cette anomalie de la manière la moins blessante pour l'amour-propre de ces messieurs, en conjecturant qu'on leur avait fourni : 1° les cuivres tout décapés, 2° les liquides et le bain d'or tout préparés; et que par conséquent il n'était plus resté à ces messieurs que de tremper les cuivres tout préparés dans le bain d'or. Cela ne s'appelle pas dorer d'après le brevet, mais dorer à son insu d'après le secret.

Ce qui venait à l'appui de cette opinion, c'est que ces messieurs n'avaient jamais su dorer de leur vie d'une manière ou d'une autre. Or, le brevet, renvoyant pour le nettoyage des cuivres, aux procédés de la dorure par le mercure, que ces messieurs ignoraient, il est impossible qu'ils aient obtenu une dorure quelconque, du premier coup, de l'exécution du procédé anglais. Car e nettoyage des cuivres ne s'apprend pas ainsi et en courant.

Cette manière de voir ne tarda pas à être confirmée par l'expérience officielle; en effet, l'un d'entre ces messieurs, M. Gaultier de Claubry, mis en demeure d'exécuter le brevet, se rejeta, de son premier insuccès, sur l'ignorance où il était de décaper les cuivres; il eut recours à des doreurs de profession pour le décapage; et cependant après quinze jours d'essais de plus en plus infructueux, il finit par regarder cette opération comme nulle, et par demander au tribunal de l'annuler par jugement. Ce que le tribunal n'accorda pas, on le pense bien. On se demanda comment il se faisait que MM. Pelletier, Payen et Gaultier de Claubry eussent réussi en un jour à dorer, le brevet seul à la main, eux qui n'avaient jamais, disaient-ils, connu et pratiqué jusque là aucun procédé de dorure, quand l'un d'eux, M. Gaultier, passe quinze jours entiers sans pouvoir obtenir une seule pièce de quelques décigrammes passablement dorée, sur près de six kilogrammes de bijoux en cuivre employés.

M. Gay-Lussac est investi par le tribunal de la fonction de tiers-expert. La première chose qu'il fait, c'est de déclarer qu'il ne sait pas mieux dorer que M. Gaultier, pour lequel il prend fait et cause, et d'invoquer, pour juger de la validité du brevet Elkington, les délégués de M. Elkington lui-même. Ainsi tout est accordé à ces derniers pour réussir, sauf la surveillance active de M. Raspail, qui est toujours seul et livré à lui-même, alors que les délégués de M. Elkington viennent au nombre de trois, qu'ils ont pour eux l'opinion favorable de deux experts assistés de leurs préparateurs, lesquels ne sauraient avoir une opinion trop différente de celle de leurs maîtres. Eh bien! dans une première séance, ils manquent leur dorure dans un bain de 308 fr.; dans une seconde séance, ils manquent de même, avec les acides de leur choix. Dans leurs propres ateliers, et en s'écartant des termes du brevet de la manière la plus large et la plus illimitée, ils manquent encore. MM. Gay-Lussac et Gaultier se hasardent clandestinement à dorer : ils produisent de l'ocre au lieu de l'or. Enfin on se ravise ; on se prépare de longue main ; on se rend chez les MM. Moulé, pour se procurer au moins un vase tenu secret et préparé secrètement, le tout à l'insu de M. Raspail ; on prend, on change, on renouvelle les acides et les liquides : on compose le bain d'une tout autre façon que celle du brevet ; on arrive à une dorure un peu moins défectueuse, mais qu'on n'ose ni brunir, ni passer à la couleur, et dont les échantillons sont tellement tachés ou couverts de défauts, ou d'un ton tellement variable, que le commerce n'en aurait pas voulu. Les échantillons les moins défectueux sont encore tous inférieurs à un bon décapage. Du reste, toutes ces précautions clandestines de deux experts, qui sont toujours de connivence contre le troisième expert, toutes ces cacholteries chimiques, et ces manipulations qui passent et repassent sans contrôle et sans vérification, justifient suffisamment l'épithète d'*escamotage*, par laquelle M. Raspail a désigné cette expérience. Cette dernière opération d'une si laborieuse expertise ne porte, en effet, aucun des caractères qui servent de garantie aux tribunaux. Eût-elle réussi selon les vœux de MM. Gay-Lussac et Gaultier de Claubry, elle eût été considérée comme non avenue. Du reste, le bain d'or se trouvait tellement réduit, qu'il eût peut-être été impossible d'y dorer quelques kilogrammes de cuivres de plus, et, partant, ce procédé ainsi modifié n'aurait jamais pu constituer un procédé industriel.

Enfin, dans son rapport, M. Raspail offrait, à l'aide des procédés secrets de nos doreurs français, de tirer une bonne dorure des bains d'or, dans lesquels les délégués de M. Elkington avaient toujours vainement essayé de dorer ; ce qui aurait achevé de démontrer que le procédé de nos doreurs français était différent de celui du brevet anglais.

Les échantillons de tous ces bains se trouvaient sous les scellés.

Mais quels étaient ces moyens d'exécution dissimulés dans le brevet français ? Les personnes qui ont eu l'occasion d'examiner avec méthode les divers résultats des opérations qui ont été déposées au cabinet de M. le président du tribunal, ces personnes, dis-je, n'auront pas manqué de remarquer que les résultats de la première expertise, dans laquelle on s'était tenu strictement, ou à peu près, aux termes du brevet, en sont sortis d'un aspect exécrable ; que la première opération de la deuxième expertise offre déjà un effet plus tolérable ; que la deuxième opération, qui avait modifié un peu plus amplement la description du brevet, est un peu supérieure à la première; et ainsi de suite jusqu'à la dernière, où l'on a semblé opérer d'après un brevet tout nouveau. Evidemment, il existe des dissimulations que cette progression révèle.

Voulant arriver à une approximation plus grande de ce qui manquait au brevet, pour renfermer tout le secret, M. Raspail s'est appliqué à confronter la minute du brevet d'importation pris en France par M. Elkington, avec la copie du brevet d'invention pris en Angleterre. Un brevet d'importation devrait être la traduction littérale du brevet original; or il n'en est rien, ainsi que le prouve la copie qu'en a publiée le *the London Journal and Repertory*, dans son numéro de mai 1837, page 99. Non seulement, en effet, on y trouve la composition du bain d'or exprimée d'une manière intelligible; mais encore des moyens que le brevet d'importation dissimule entièrement, ou des moyens diamétralement opposés. Nous allons mettre en regard ces différences :

1° Composition du bain d'or d'après le brevet anglais.		Composition du bain d'or d'après le brevet français.
Or,	5 onces (livre troy).	5 onces (poids anglais) (1).
Eau régale,	52 onc. (livre avoir du poids).	42 onc. (mesure liquide) (2).
Composée de :		
Acide nitrique,	21 onces.	14 onces.
— muriatique,	17 —	14 —
Eau,	14 —	14 —
Bicarb. de pot.,	20 pounds (8 kil., 465).	20 livres (9 kil., 06).

Au lieu donc d'adopter les quantités suivantes, dans la séance du 15 mars et les suivantes (3) :			Nous aurions dû, d'après le brevet original anglais, adopter les suivantes :	
Or,	77 gramm.	25	77 gr.	25
Eau régale,	646	60	758	40
Composée de :				
Acide nitrique,	215	60	298	20
— muriatique,	215	60	241	40
Eau,	215	6	198	80
Eau ajoutée,	9 kil. 000	»	8 kil. 570	»
Bicarb. de potasse,	4 500	»	4 252	50
	14 kil. 795 gr.	80	14 kil. 556 gr.	65

(1) Ce qui ne signifie ni la *livre troy*, ni la *livre avoir-du-poids*.

(2) Contresens : la mesure liquide c'est le gallon.

(3) Voyez ci-dessus, pag. 468.

Si donc il est permis d'admettre que les proportions indiquées dans le brevet anglais sont vraies, ce qui paraîtra plus que probable à ceux qui connaissent et l'esprit de nationalité qui distingue les Anglais, et surtout la sévérité des lois anglaises pour et contre le monopole, il est évident que les proportions du brevet français, outre qu'elles sont indiquées d'une manière inexacte et confuse, doivent être impuissantes à réaliser une dorure.

2° Dans le brevet français, on conseille de se servir d'un vase de terre pour l'ébullition du bain d'or : « Je préfère, dit l'importateur, un vase de terre à tout autre. » Et il est évident encore que l'importateur a dissimulé ici quelque chose; car un vase de terre ne saurait servir, ni déverni, à cause de sa porosité, ni verni, à cause de son émail soluble dans les acides; c'est un vase verni à la manière des porcelaines qu'il aurait fallu dire.

Dans le brevet anglais, au contraire, l'inventeur condamne l'emploi de ces sortes de vases : « Le liquide étant ainsi préparé, » y est-il dit, il est difficile, dans la pratique, de le tenir chaud » dans des vases de terre; lorsqu'on doit y plonger beaucoup » d'objets, on a reconnu qu'il y avait de l'avantage à mettre ce » liquide dans un vase de *fonte*, que l'on doit tenir très propre. »

Voilà donc parfaitement indiqué ce vase de fonte, dont se servent les délégués de M. Elkington, qu'ils ont tenu si soigneusement secret, jusqu'au grand coup que M. Gay-Lussac a voulu porter dans la dernière séance. Et le brevet anglais dissimule encore un tant soit peu à cet égard; car ce vase de fonte a besoin d'être passé au tour intérieurement, et doit avoir été doré par une première dorure, qui est sacrifiée. Quant aux avantages provenant de l'emploi de cet ustensile, il est facile de les apprécier. D'abord on ne craint point la casse; ensuite on peut se flatter d'obtenir une ébullition plus prompte et plus constante; enfin ce vase de métal représente une pile dont les parois forment un élément, les cuivres à dorer un autre, et le bain d'or, le liquide excitateur et condensateur. M. Raspail a fait faire sous ses yeux des expériences comparatives de dorure, dans le vase en grès fausse porcelaine, et dans le vase en fonte; et constamment les avantages sont restés à la dorure par le vase de fonte.

3° *Si l'on veut obtenir l'effet mat*, dit le brevet original anglais, *on l'obtient à l'aide d'un acide préparé à cet effet, et connu sous le nom d'eau-forte matant*. Le brevet français ne fait nulle mention de cet acide; en France il est totalement inconnu dans le commerce. Il est plus que probable que cet acide matant se rapporte à la composition acide dont M. Raspail a surpris la formule dans la séance du 24 avril (1).

Nous ne citerons là que les différences qui nous paraissent essentielles; celles du second ordre sont encore en assez grand nombre pour fixer l'attention des tribunaux appelés à prononcer la déchéance.

Car la rédaction seule du brevet anglais est en tout diamétralement opposée à celle du brevet d'importation français.

V. *Réponse de MM. Pelletier, Payen, Gaultier de Claubry et Gay-Lussac aux observations de M. Raspail, et réplique de celui-ci.*

La première réponse de MM. Pelletier, Payen et Gaultier de Claubry renferme beaucoup de négations, mais fort peu de preuves. Ces messieurs, prennant phrase par phrase le premier rapport de M. Raspail, se meltent à chaque pas à côté de la question, et s'écartent d'autant de la voie qui conduit à une solution quelconque. On croit souvent se donner un grand air d'autorité en niant toute conclusion et passant outre; ces manières, un tant soit peu trop familières aux princes de la science, sont au moins déplacées chez de simples experts consultés par les tribunaux. Cette réponse, du reste, a reçu un trop rude contre-coup, un trop grand démenti de l'expérience directe, pour qu'elle ait conservé la valeur qu'elle semblait avoir dans le principe. Les principales observations qu'elle renferme se trouvant reproduites dans les rapports individuels de MM. Gay-Lussac et Gaultier de Claubry; ce sont ces derniers que nous allons analyser de préférence.

1° Dans la séance du 15 mars (voy. pag. 467), M. Gaultier de Claubry était convenu que le chiffre 515,45 grammes, par lequel le brevet traduisait en mesures métriques les 5 onces du poids de l'or, était un chiffre en tout point erroné. Dans son rapport, il l'explique, en adoptant une idée émise dans cette séance par M. Lassaigne, qui est que ce chiffre pourrait bien être une erreur de plume, pour 155,45, valeur des cinq onces de la livre troy.

M. Raspail répond que la loi n'autorise pas ces sortes d'erreurs de plume; que ce chiffre se trouve reproduit non seulement dans

(1) Voyez pag. 476.

le brevet original, non seulement dans les copies fournies par M. Elkington, mais encore dans la copie imprimée que ses délégués venaient de délivrer au tribunal; que cette explication aurait pu être encore admise, si M. Elkington avait pris soin de désigner ces cinq onces comme appartenant à la livre *troy*; mais qu'ayant laissé le tout dans le vague de la désignation du poids anglais, qui convient tout aussi bien à la livre *troy* qu'à la livre *avoir du poids*, on ne saurait nier qu'il y eût là une intention de mettre à la torture l'esprit de ceux qui, après l'expiration du monopole, sont les héritiers de droit du secret contenu dans le brevet d'invention. Mais cet échafaudage d'explications a été renversé de fond en comble par la confrontation du brevet anglais avec le brevet français, qui aurait dû n'en être que la copie.

2° La position de M. Gaultier étant un tant soit peu embarrassante; la rédaction de son rapport s'est ressentie de sa position. Il est difficile de saisir du premier coup-d'œil comment il cherche à concilier les résultats négatifs qu'il a obtenus en présence de M. Raspail, avec les résultats, si positifs, qu'il annonçait avoir obtenus dans la collaboration de MM. Pelletier et Payen. Ce que nous y lisons de plus clairement exprimé presque à chaque page, ce sont des récriminations d'une nature plus ou moins diffamatoire contre le despotisme de M. Raspail. « Si je n'ai pas réussi à bien dorer, dit en quelque sorte M. Gaultier, c'est que je n'ai pas été libre, et que M. Raspail m'a refusé les vrais moyens d'arriver à une bonne dorure. »

A cette accusation, M. Raspail oppose le témoignage des personnes qui ont assisté, dans le laboratoire de la Sorbonne, aux opérations de cette expertise. Toutes sont prêtes à certifier que le silence le plus profond n'a jamais cessé de présider à ces expériences: que les deux experts procédaient en tout d'un commun accord, arrêtant en commun le programme, l'exécutant sous les yeux l'un de l'autre, étiquetant tous les produits et paraphant toutes les étiquettes, plaçant chaque jour sous les scellés, revêtus de leurs cachets respectifs, les produits de la journée.

M. Raspail oppose encore à M. Gaultier les procès-verbaux signés en commun, et la volumineuse correspondance de M. Gaultier. Comment supposer qu'un expert, libre de ses actions, revienne le lendemain dans un local où la veille on aurait porté atteinte à sa liberté? Comment supposer qu'un expert, du caractère de M. Gaultier, ait permis qu'on lui lie les mains, et ait consenti à obéir en tout, et à n'ordonner jamais? M. Gaultier a rompu deux fois avec M. Raspail, et pourtant c'était pour fort peu de chose, mais c'était à la fin de l'expertise; et il a fait constater ce fait dans un procès-verbal. M. Raspail avait soupçonné que quelques produits, dont il s'occupait à rédiger les étiquettes, appartenaient à la catégorie de ceux qui avaient été passés aux acides, avant d'être immergés dans le bain. Une simple dénégation eût suffi à M. Raspail, qui n'y attachait pas d'autre importance. Mais M. Gaultier n'entend pas qu'on exprime même des doutes: il se lève, proteste de son honneur, demande le serment, ne veut plus rien entendre, même alors que M. Raspail lui offre d'abandonner son opinion; il lui faut un référé pour venger cette injure. Avec une telle susceptibilité, on conçoit bien que M. Gaultier n'aura jamais, la lâcheté de se laisser mettre le pied sur la gorge, par qui que ce soit, et qu'en s'accusant dans son rapport de n'avoir pas été libre, M. Gaultier s'est calomnié. Du reste, le programme adopté par M. Raspail laissait toute latitude à M. Gaultier; «Vous avez réussi à dorer parfaitement, le brevet seul à la main; moi, j'avoue n'avoir jamais pu réussir. Apprenez-moi à dorer; faites tout ce que vous avez fait; répétez tous vos procédés; je ne me refuse à rien, pourvu que nous prenions note de tout ».

Nous ne nous arrêterons pas à des inculpations d'un autre genre, que M. Raspail a relevées dans son contre-rapport, avec la vigueur qu'on lui connaît envers la calomnie. Nous n'en citerons qu'une, pour qu'on juge des autres. M. Gaultier parle d'une étiquette que M. Raspail aurait déchirée, sans doute pour la soustraire au procès. Cette étiquette était écrite de la main de M. Raspail, et portait ces mots en note: « M. Gaultier me fait observer que quelques unes de ces pièces avaient des taches avant d'êtres dorées », Quel intérêt aurait eu M. Raspail de faire disparaître une telle étiquette? est-ce que ces pièces ne sont pas renfermées dans les bocaux avec leur étiquette? Mais ce qu'il y a de plus fâcheux dans cette affaire, pour M. Gaultier, c'est qu'en même temps que M. Gaultier joignait à son rapport une étiquette déchirée, M. Raspail joignait au sien la même étiquette, textuellement la même, non déchirée et paraphée par les deux experts. Comment expliquer cette anomalie? le voici: « Ce n'est pas une seule étiquette que j'ai déchirée, disait M. Raspail, j'en ai déchiré près de quatre cent cinquante; mais je les ai déchirées sous les yeux de M. Gaultier et de son consentement. Je les déchirais après les avoir transcrites lisiblement et d'une manière plus nette. M. Gaultier a eu tort de n'en ramasser qu'une, parmi le rebut des étiquettes déchirées ; il aurait eu autrement 450 pièces d'accusation, au lieu d'une seule. Car M. Gaultier semble moins avoir eu en vue de rédiger un rapport d'expertise qu'une dénonciation. Il semble avoir voulu s'adresser à la sixième chambre (police correctionnelle), plutôt qu'à la quatrième ».

Mais laissons là les récriminations spéciales à ce malheureux rapport, et passons à la deuxième expertise.

» Je veux voir dorer les brevetés, dit M. Gay-Lussac, parce que moi, je l'avoue, je désespère de pouvoir réussir le brevet à la main. »

« Ni moi non plus, ajoute M. Gaultier ».

« Vous l'avez donc oublié, réplique M. Raspail ; car dans la consultation imprimée, que vous avez rédigée en commun avec MM. Pelletier et Payen, vous avez dit : *Il résulte, en outre, de tous les essais auxquels nous nous sommes livrés, que les spécifications de M. Elkington sont suffisamment explicites, pour qu'en suivant à la lettre la description du procédé, on puisse dorer, d'une manière complètement satisfaisante, des objets en bronze* (1) ».

Comment se fait-il que vous ayez besoin des leçons des brevetés aujourd'hui, vous qui avez si bien réussi à dorer sans eux et sur la seule description annexée à la demande du brevet ? »

A cela point de réponse.

» Remarquez, disait M. Raspail à M. Gay-Lussac, qu'il ne s'agit pas ici de savoir si les brevetés dorent bien par ce procédé ; mais seulement si le brevet a fourni toutes les indications nécessaires pour parvenir à bien dorer ». M. Gay-Lussac répondait qu'il arrivait souvent que le brevet le mieux décrit avait encore besoin, pour être exécuté, de la main-d'œuvre du breveté lui-même ; que le breveté, pour tromper la contrefaçon, a toujours besoin de céler quelque chose.

Ces principes, de la part d'un membre du comité consultatif, sont tellement destructifs des dispositions de la loi, qu'il était inutile de les réfuter d'une manière sérieuse. Il valait mieux consentir à tout, et tenir note de tout ; ce qui fut fait, ainsi que nous l'avons vu plus haut.

3° Dans leur rapport, MM. Gay-Lussac et Gaultier de Claubry se sont attachés à justifier leurs opérations, et à réfuter théori-

(1) Ces messieurs auraient dû dire des *bijoux en cuivre* ; car le bronze n'a jamais pu être doré par le procédé secret de M. Elkington.

quement les citations à l'appui, qu'avait accumulées M. Raspail dans les siens.

1° A la citation du mémoire de Duportal, etc. (voy. pag. 491), MM. Gaultier et Gay-Lussac opposent que les auteurs n'ont pas même prononcé le mot de dorure, et, qu'en trempant une lame d'étain, ils n'ont pu obtenir que du pourpre de Cassius.

M. Raspail répond que, pour obtenir le pourpre de Cassius, au moyen de l'étain, il faut que l'étain soit préalablement dissous dans un acide, tel que l'acide muriatique; que rien de tel ne saurait avoir lieu, en plongeant une lame d'étain dans un bain d'or alcalin; et, à l'appui de son assertion, M. Raspail a présenté au tribunal des cuillers d'étain parfaitement dorées en mat et en bruni, en les plongeant seulement dans le bain d'or alcalin. Ces petites cuillers d'étain jouaient admirablement bien le vermeil, c'est-à-dire l'argent doré.

2° A la citation de la dorure obtenue par Proust, MM. Gay-Lussac et Gaultier de Claubry répondaient, en assurant que le vase doré par Proust était un vase de verre. M. Raspail rappelait, à cet égard, que le laboratoire de Proust, à Madrid, ne renfermait que des vases d'argent et de platine, que ce chimiste tenait de la munificence du souverain qui l'avait appelé dans ses états; et que lorsque la nature des opérations demandait que le chimiste eût recours à des vases d'un plus vil prix, il était presque obligé de demander la permission de déroger à la noble magnificence de ses appareils. Au reste, M. Raspail avait eu soin de faire renfermer, dans tout autant de bocaux en verre, les divers échantillons des bains d'or qui avaient servi aux nombreuses opérations de ces deux longues expertises; ces bocaux étaient restés exposés à la lumière directe et indirecte, depuis près de deux mois; et pas un seul ne portait la moindre trace de dorure; cependant ces bains d'or étaient exactement composés comme celui de Proust. En outre, M. Raspail accompagnait son assertion de plaques d'argent et de platine, qui ont très bien pris la dorure dans les bains d'or de Proust.

3° Les citations de Baumé, de Figuier, de l'eau régale des Allemands (page 491), et du *Journal des Connaissances usuelles* (1), M. Raspail ne les avait employées que pour détruire l'extension, que, de sa propre autorité, M. Chevallier accordait au brevet Elkington, en le dénommant *procédé de dorure au*

(1) Nous avons omis d'en donner la formule plus haut. La voici telle qu'on la trouve dans le numéro de janvier 1830, p. 24 :

trempé, et *par immersion* et *sans mercure*. M. Raspail démontrait, au contraire, qu'avant M. Elkington on avait doré au trempé et par immersion; qu'il était donc juste de restreindre les limites du privilége de M. Elkington, sans quoi il aurait fallu lui accorder le droit de faire saisir, comme contrefacteurs, tous nos horlogers, couteliers, armuriers, qui, de temps immémorial, ont doré au trempé certains ornements sur cuivre ou acier.

MM. Pelletier, Payen, Gaultier de Claubry et Gay-Lussac, affectent sans cesse de répondre que les liquides ci-dessus cités ne sont point celui de M. Elkington, faute de l'addition du bicarbonate de potasse.

Quand on leur cite une eau régale modifiée par le carbonate de potasse, telle que l'ont étudiée Margraff, Proust et Duportal, ils répondent que ces chimistes n'avaient pas entrepris de dorer industriellement à l'aide de pareils bains d'or. Si on leur cite des dorures obtenues par eux, ce n'est pas sur des métaux qu'ils les avaient obtenues, c'est sur du verre; ou bien c'est du *pourpre de Cassius* qu'ils avaient produit.

4° Cependant il est un point que ces messieurs ont fini par accorder à l'unanimité, c'est que le bain d'or de M. Elkington, tel que le décrit le brevet, était avant lui du domaine public. Mais ils soutenaient que M. Elkington était l'inventeur de l'art d'en tirer une dorure acceptable dans le commerce. «Vous dépassez les prétentions de M. Elkington, répondait M. Raspail; vous lui accordez plus qu'il ne demande. *Ce que je réclame particulièrement comme ma propriété*, dit-il textuellement dans sa demande du brevet, *c'est l'emploi du carbonate de potasse et de soude combiné avec une dissolution d'or*. Vous avouez que cette combinaison est du domaine public; M. Elkington n'a donc plus rien à réclamer. Quant à l'art de tirer une dorure acceptable dans le commerce de ce bain d'or, pour le réclamer, il aurait fallu que M. Elkington nous le fît connaître, et c'est précisément ce qu'il a omis de faire dans son brevet, ce qu'il a célé et dissimulé. De quoi accusez-vous donc nos doreurs français ? Ils emploient le bain d'or, qui est du domaine public; ils

Zinc,	1 partie.
Mercure,	12 —

dans l'acide muriatique.

Ajoutez un peu d'or et de tartrite acidulé de potasse. Les cuivres nettoyés prennent dans ce bain parfaitement bien la dorure.

en tirent une belle dorure par un procédé qui leur est connu. Or, ou bien ce procédé n'est pas le même que celui de M. Elkington, et dès lors ils sont inventeurs au même titre que M. Elkington; ou bien c'est le même; mais alors M. Elkington a encouru, aux termes de la loi, la déchéance pour l'avoir célé dans sa description. S'il voulait en conserver le monopole, il aurait dû le faire connaître, et vous voyez qu'il n'en a rien fait, puisque, même avec l'aide de ses délégués, mais sous la surveillance active d'un seul expert, il a été impossible d'obtenir, de l'exécution du brevet, une dorure acceptable dans le commerce, après trois mois de travaux assidus ».

5° M. Gay-Lussac avait soutenu constamment qu'il n'attachait aucune importance aux procédés de décapage; que les brevetés seraient libres, devant lui, de décaper comme bon leur semblerait. Etrange doctrine, dans le cas où le succès de l'opération aurait dépendu, au moins en partie, d'un certain mode de décapage. Le décapage, disait M. Gay-Lussac, est un accessoire, la dorure est le principal; je ne m'occupe pas de l'accessoire. Cependant MM. Gay-Lussac et Gaultier de Claubry ne paraissaient pas trop rassurés sur le succès de cette argumentation, et ils eurent soin de se procurer un autre auxiliaire. Ils joignirent à leur rapport deux lettres, l'une de M. Beauferay, et l'autre de MM. Trelon et Langlois : celle-ci se rapportait plus spécialement au liquide, dont la formule clandestine avait été saisie par M. Raspail au Muséum (voy. p. 476). MM. Trelon et Langlois indiquaient s'être servis de ce liquide, dans leur fabrication des boutons.

M. Raspail joignit à son contre-rapport deux lettres des mêmes; l'une par laquelle M. Beauferay s'étonnait qu'on eût fait servir sa lettre à soutenir une opinion diamétralement opposée à la sienne, et démentait formellement MM. Gay-Lussac et Gaultier de Claubry sur l'emploi, en fait de décapage, du liquide composé dont nous avons parlé ci-dessus; et l'autre de MM. Trelon et Langlois, qui avouaient ne s'être servis de ce liquide que pour le vernis, et avoir reçu ce secret de l'un de leurs ouvriers. « En renvoyant pour le décapage aux procédés de la dorure par le mercure, ajoutait M. Raspail, évidemment M. Elkington n'a pas dû penser qu'on comprendrait par là qu'il faut avoir recours à un procédé secrètement employé par MM. Trelon et Langlois ».

6° Enfin ces messieurs déclaraient avoir parfaitement bien réussi dans leur dernier essai de dorure; M. Raspail leur répondait qu'un beau décapage valait encore mieux que les pièces les moins défectueuses de ce dernier essai, qui, du reste, avait été exécuté à l'aide de trop de dissimulations et de subterfuges, pour ne pas mériter en quelque sorte le mot d'*escamotage*, dont il avait cru devoir le caractériser. M. Raspail se résumait en assurant que M. Elkington avait tenu secret un procédé pour le *dérochage*, un pour le *décapage*, un autre pour le *dorage* et la *couleur*.

VI. *Plaidoiries et jugement.*

Là finit la tâche des experts; là commença celle des avocats et de la plaidoierie. Mais lorsque l'avocat de M. Elkington eut fini de parler, Simon, l'un des saisis, demanda au tribunal qu'il lui fût accordé d'essayer de dorer, dans les échantillons des divers bains d'or, dans lesquels les délégués de M. Elkington avaient manqué leurs divers essais de dorure; promettant, à l'aide d'un procédé non décrit au brevet, de réussir, là où ces messieurs, faute sans doute de vouloir révéler leur secret, avaient trois fois consécutivement échoué. Le tribunal ayant accepté cette espèce de défi, arrêta que l'audience consacrée à cet effet aurait lieu le 18 août, à midi, à la Sorbonne, en présence des parties, de leurs conseils et des experts.

Le jour fixé, le tribunal, composé de quatre juges, y compris M. Michelin, président, et assisté de M. l'avocat du roi, se rendit à la Sorbonne, où se trouvaient réunis les parties et leurs conseils. Les échantillons des divers bains qui avaient servi aux opérations des 24, 28 avril et 5 mai, et qui étaient renfermés dans tout autant de bocaux bouchés à l'émeri, scellés et cachetés par les experts, furent remis aux experts, qui les reconnurent et les ouvrirent. On en versa le contenu dans un petit vase en fonte déjà doré en dedans. Mais à l'instant où Simon allait procéder à son opération, les délégués de M. Elkington demandèrent à essayer de nouveau de dorer dans ce liquide, promettant que cette fois ils étaient sûrs de réussir.

Après tant d'insuccès, cette demande avait tout l'air d'un subterfuge. Cependant le tribunal, qui, dans toute cette affaire, a pris soin de ne refuser à aucun des intéressés rien de tout ce qui aurait pu être en état de favoriser une démonstration, le tribunal accorda aux délégués de M. Elkington leur demande.

Ces messieurs avaient apporté des cuivres tout décapés d'avance. Sur l'observation de M. Raspail, que ces cuivres étaient décapés par un procédé tenu secret, le tribunal ordonna qu'on n'opérât que sur des cuivres bruts, que l'on décaperait en sa présence d'après les procédés indiqués par le brevet, procédés qui ne sont autres que les procédés usités dans la dorure par le mercure.

M. Gaultier prétendit que le décapage, pour la dorure par le mercure, avait lieu dans un composé d'acide nitrique, d'acide sulfurique et de sel marin.

M. Raspail ayant soutenu positivement le contraire, le tribunal ordonna qu'on invoquerait à ce sujet des doreurs de profession. MM. Beauferay, Lépine et un doreur amené par M. Gaultier de Claubry lui-même, assurèrent uniformément, quoique consultés à part les uns des autres, que le décapage, pour la dorure par le mercure, s'exécutait dans l'acide nitrique pur, puis dans l'acide nitrique avec suie et sel marin. Force fut donc aux clients de M. Gaultier de faire décaper les cuivres bruts à l'acide nitrique seul.

M. Raspail voulut bien passer condamnation sur l'emploi de l'acide nitrique avant le bain, quoique cette condition de succès ne se trouve pas dans le brevet.

Quoi qu'il en soit, les brevetés ayant plongé dans le bain d'or leurs cuivres nettoyés par le procédé ordinaire, les retirèrent moins dorés que noircis. Ces échantillons furent saisis, et scellés comme pièces acquises au procès.

Ce fut le tour alors de Simon, qui désira opérer en secret, sous les yeux du tribunal et des experts. Ce doreur n'eut qu'à plonger ses cuivres, par un procédé qui lui est particulier, dans le même bain d'or, pour en retirer une dorure, dont MM. les membres du tribunal ne purent se défendre de reconnaître la beauté et le fini. L'échantillon fut également mis sous les scellés comme pièce acquise au procès.

Cette opération était trop décisive pour que le tribunal hésitât à clore tout autre essai.

Me Marie, avocat des saisis, exposa les résultats de cette longue expertise de six mois, avec une lucidité et un talent d'élocution qui fixa constamment l'attention du tribunal, pendant une plaidoirie de huit heures. M. l'avocat du roi se prononça hautement contre les dissimulations du brevet d'invention; et sur ses conclusions conformes, le tribunal rendit, le 27 août 1841, le jugement suivant :

« Louis-Philippe Ier, roi des Français, etc.

» Le tribunal ordonna qu'il serait procédé en sa présence, le

15 mars 1841, au laboratoire de la Faculté des sciences, à des expertises de dorage par immersion, d'après le brevet accordé à M. Elkington.

» Ledit jour, MM. Raspail et Gaultier de Claubry, experts chimistes, procédèrent, après serment préalablement prêté entre les mains de M. le président, au commencement de l'opération, c'est-à-dire à la dissolution de l'or, en présence de MM. Michelin, président, Pelletier et Prud'homme, juges, de M. l'avocat du roi, des parties, de leurs avoués et avocats.

» Les opérations s'étant prolongées trop long-temps, MM. les membres du tribunal se retirèrent, et confièrent la continuation des opérations à M. Gaultier et à M. Raspail.

» MM. les experts ont employé dix-neuf vacations à varier les procédés indiqués par le brevet.

» Par suite, des discussions s'élevèrent entre les deux experts. M. Gaultier demanda un référé pour savoir, de M. le président, si les opérations précédemment faites ne devaient pas être anéanties.

» M. le président renvoya à l'audience. Dans cet état de choses, M. Elkington signifia des conclusions tendantes à ce qu'il plût au tribunal dire et ordonner que, par MM. les experts dénommés et par un troisième qui leur serait adjoint, ou bien par trois experts nouveaux, M. Elkington, ou ses représentants, seraient admis à faire procéder à de nouvelles expériences, pour constater qu'avec des matières qui seraient fournies par lesdits experts, et des cuivres parfaitement nettoyés qu'ils prendraient où ils voudraient, et ce, en suivant la description des procédés du breveté, il était facile d'obtenir les résultats annoncés, sans dissimuler aucune partie essentielle de l'invention, et de mettre lesdits experts dans le cas d'obtenir ces résultats. Desquelles opérations, par le sieur Elkington ou ses représentants, et ensuite par lesdits experts, il serait dressé procès-verbal pour icelui, fait et rapporté, être par les parties requis, et par le tribunal statué ce qu'il appartiendrait. Et, dans le cas où le tribunal ne se croirait pas suffisamment éclairé sur la question de savoir si les procédés du breveté ont été antérieurement décrits dans quelques ouvrages imprimés et publiés,

» Dire et ordonner que les experts seront tenus de dire dans leur rapport : premièrement, si les procédés brevetés étaient antérieurement décrits dans quelque ouvrage imprimé et publié.

» Deuxièmement, si lesdits procédés constituent une application nouvelle, pour, après ledit rapport fait et rapporté, être par les parties requis, et par le tribunal statué ce qu'il appartiendrait, et statué, comme de raison, à fin de dépens.

» En réponse à ces conclusions, MM. Bédier et consorts signifièrent des conclusions tendantes à ce qu'il plût au tribunal déclarer le sieur Elkington purement et simplement non recevable, dans sa demande en nomination d'un troisième expert, le débouter, et le condamner aux dépens, dont distraction serait faite au profit de Me Guibet, avoué, qui la requiert avec affirmation, sous toutes réserves.

» M. Simon prit des conclusions tendantes aux mêmes fins.

» A l'audience du 2 avril dernier, le tribunal, statuant sur les conclusions respectives des parties, a ordonné que les deux experts, MM. Raspail et Gaultier de Claubry, dresseraient, dès lors, un procès verbal de leur avis respectif sur les opérations par eux faites qui sont acquises aux parties, pour faire valoir tous les droits qui pouvaient en résulter à leur profit ; et en outre ordonna que, par M. Gay-Lussac, membre de l'Institut, que le tribunal a nommé d'office, lequel, du consentement des parties, a été dispensé du serment, et par les deux experts déjà connus, il serait procédé à une nouvelle expertise, à l'effet de constater : premièrement, si les procédés décrits au brevet n'étaient pas, avant son obtention, dans le domaine public ; deuxièmement, si la dorure admise dans le commerce peut être obtenue par les moyens décrits au brevet ; a autorisé lesdits experts à procéder auxdites opérations, tant par eux-mêmes que par les parties qui ont obtenu le brevet, et même par tout ouvrier doreur étranger aux deux parties et nommé par les experts ; qu'ils devraient assister à toutes les opérations, à l'effet d'en constater la régularité et de noter les différences que pourraient présenter les opérations faites ou par eux ou en leur présence, avec les procédés décrits au brevet, pour, sur leur rapport fait et déposé, être par les parties requis, et par le tribunal statué ce qu'il appartiendra.

» Par suite de ce jugement, une nouvelle expertise a lieu; elle est confiée à MM. Raspail et Gaultier, assistés d'un tiers expert, M. Gay-Lussac, commis par le tribunal.

» Les trois experts procèdent, les 24, 28 avril, 5 et 14 mai, aux opérations ordonnées par le jugement du 2 avril. MM. Raspail et Gaultier de Claubry dressent des rapports collectifs datés des 20, 25 et 27 mars et 17 avril 1841 ; ils dressent des rapports individuels datés, celui de M. Gaultier de Claubry, du 23 avril 1841, ceux de M. Raspail, des 1er juin et 1er juillet. MM. Gay-Lussac, Gaultier de Claubry et Raspail ont dressé deux rapports collectifs.

» Tous ces rapports ont été déposés au greffe, et signifiés par acte d'avoué à avoué.

» En même temps, M. Elkington signifia des conclusions tendantes à ce qu'il plût au tribunal débouter les sieurs Bédier, Dotin, Charlot et Simon de l'opposition par eux formée aux jugements par défaut rendus le 25 juillet 1840 ; déclarer les sieurs Bédier et consorts non recevables dans leur demande en déchéance ; dire que le jugement à intervenir serait exécuté provisoirement nonobstant appel sous caution ; qu'en conséquence il serait procédé à la poursuite en contrefaçon, suspendue depuis le 10 janvier 1840 ;

Donner note à M. Elkington de la réserve expresse de proclamer devant le tribunal correctionnel les dommages et intérêts résultant du préjudice causé à M. Elkington, soit par la contrefaçon, soit par le procès en déchéance, si mieux n'aimait le tribunal statuer lui-même sur les dommages et intérêts résultant du procès en déchéance ; dans ce cas condamner les sieurs Bédier et consorts solidairement, et par corps, à payer M. Elkington la somme de cent mille francs à titre de dommages et intérêts ; fixer à cinq ans la durée de la contrainte par corps ; les condamner en outre aux dépens ; à titre de supplément de dommages et intérêts, dans lesquels entreront les frais et honoraires des expertises, et des sommes déboursées pour les expériences, desquels dépens distraction sera faite à Me Jolly, avoué, qu'il a requise avec affirmation, sous toutes réserves d'augmenter ou diminuer.

» Après plusieurs remises, l'affaire est venue à l'audience du 12 août 1841. M. Regnault, avocat, a présenté les moyens de défense du sieur Elkington ; à l'audience du 14 août, Me Marie, avocat de MM. Bédier, Dotin et Charlot et Simon, a développé ses motifs de déchéance, dans les cours de ladite audience ; a dit en leur nom qu'ils offraient d'opérer, sous les yeux du tribunal, une dorure acceptable par le commerce, dans les divers bains d'or, dont l'expert avait déposé des échantillons au greffe, en y ajoutant une substance.

» Le tribunal a accueilli cette demande, et a décidé que l'essai aurait lieu à la Sorbonne le 18 août ; en même temps il a ordonné que les objets dorés le 14 mai, qui n'avaient pas été passés en couleur, seraient soumis à cette dorure par deux doreurs de profession, désignés, l'un par M. Gaultier de Claubry, l'autre par M. Raspail.

» Le 18 août, à l'instant où M. Simon s'apprêtait à se conformer au jugement, MM. Truffau et Moulé, assistés de Me Berit, demandèrent au tribunal qu'il leur fût permis de recommencer un nouvel essai de dorure, avant M. Simon, dans les susdits bains d'or. M. Simon y ayant consenti, ainsi que MM. Bédier, Dotin et Charlot, après discussion, on confia le décapage des cuivres à M. Violat, doreur, nommé par M. Gaultier de Claubry, ensuite M. Moulé les trempa de nouveau dans l'acide nitrique et dans le bain d'or. Ces objets ont passé sous les yeux du tribunal. Immédiatement après, M. Simon procéda à son opération, après que le tribunal eut fait évacuer la salle par tous les assistants, y compris MM. Truffau, Moulé et Bérit, avocat de M. Elkington, à l'exception des deux experts.

» M. Simon révéla son secret au tribunal, et retira du bain d'or, par son procédé, une dorure qui a également passé sous les yeux du tribunal.

» Le passage en couleur des objets dorés par MM. Gay-Lussac et Gaultier de Claubry, dans la séance du 14 mai, fut effectué immédiatement après, en présence des deux experts, par les deux doreurs à qui le tribunal avait fait préalablement prêter serment. M. le président seul assistait à cette opération, ainsi que le greffier. Le temps ne permit pas de passer en couleur les vingt-deux bocaux ; on se contenta de huit, que l'on divisa en deux portions, l'une confiée à M. Violat pour être passée en couleur de la manière que bon lui semblerait, et l'autre à M. Lépine, qui s'était engagé à n'employer que le procédé ordinaire par le mercure. La séance fut levée à six heures. Les bocaux cachetés et paraphés par les parties, les experts, M. le président et le greffier, furent déposés provisoirement dans l'armoire de la Sorbonne, la clef confiée au greffier; ils furent plus tard transportés de la Sorbonne au greffe de la quatrième chambre dudit tribunal, où les produits des précédentes expériences avaient été déposés.

» L'affaire fut remise à l'audience du 21 août pour les plaidoiries, les répliques des avocats. Les plaidoiries et répliques eurent lieu, et l'affaire renvoyée au 24 août pour entendre M. l'avocat du roi.

» Dans l'intervalle, c'est-à-dire le 23 août 1841, M. Simon signifia des conclusions tendantes à ce qu'il plût au tribunal déclarer le sieur Elkington et consorts déchus du brevet d'invention délivré au sieur Elkington; les déclarer purement et simplement non recevables en toutes leurs demandes, faits et conclusions; ordonner en conséquence que le jugement à intervenir sera publié par insertions dans six journaux quotidiens, deux fois dans chacun des deux journaux; qu'il sera en outre publié par placards au nombre de douze cents; en ce qui touche les dommages éprouvés par le sieur Simon, condamner Elkington et consorts au paiement de trente mille francs pour dommages et intérêts, et par corps, condamner M. Elkington et consorts en tous les dépens, dans lesquels entreront ceux d'insertions, placards, appositions, desquels dépens distraction sera faite au profit de Me Lelong, avoué, qui la requiert avec affirmation sous toutes réserves.

» A l'audience du 24 août, M. le substitut du procureur du roi fut entendu dans ses conclusions.

» Par acte d'avoué du 26 août, MM. Bédier, Dotin et Charlot signifièrent des conclusions tendantes à ce qu'il plût au tribunal déclarer le brevet du sieur Elkington déchu de son privilége, en vertu de l'article 16, paragraphes un, deux et trois de la loi du 7 janvier 1791. En conséquence, autoriser MM. Bédier, Dotin et Charlot à poursuivre librement leurs recherches sur les moyens d'appliquer, à la dorure commerciale, le bain d'or décrit par Glauber, Margraff, Maquer, Proust, Duportal et Pelletier.

» Le condamner, même par corps, à payer une somme de 75,000 fr. à titre de dommages et intérêts aux sieurs Bédier, Dotin et Charlot; ordonner que le jugement à intervenir sera affiché au nombre de 1,000 exemplaires dans la capitale, et inséré dans six journaux quotidiens au moins, au choix de MM. Bédier, Dotin et Charlot, le tout aux frais de M. Elkington; le condamner enfin aux dépens dont distraction sera faite au profit de Me Guibet, avoué. Copies de ces conclusions ont été jointes au placet.

» C'est dans cette position que l'affaire, venant à l'audience du 27 août, présentait à juger les questions suivantes.

» Point de droit:

» Le tribunal devait-il déclarer le brevet du sieur Elkington déchu de son privilége en vertu de l'article 16, paragraphes un, deux et trois de la loi du 7 janvier 1791?

» Devait-on, en conséquence, autoriser MM. Bédier, Dotin et Charlot et le sieur Simon à poursuivre leurs recherches sur la dorure et les moyens de dorer?

» Devait-on le condamner à des dommages et intérêts, et quelle en devait être l'importance, tant à l'égard des parties de Me Guibet que de celles de Me Lelong?

» Devait-on ordonner l'affiche et l'insertion du jugement à intervenir?

» Devait-on, au contraire, déclarer les parties de MMes Guibet et Lelong non recevables en leur demande?

» Devait-on aussi les condamner à des dommages et intérêts envers Elkington?

» Que devait-on statuer à l'égard des dépens?

» Signé Guibet, avoué, sur la minute des qualités du présent jugement.

Dispositif du jugement rendu par le tribunal civil de la Seine le 27 août 1841.

« Le tribunal, après en avoir entendu et en avoir délibéré conformément à la loi :

» Sur le premier moyen de déchéance tiré de ce que Elkington aurait dissimulé une partie essentielle de son procédé :

» Attendu que ce reproche est justifié par le rapprochement des termes du brevet d'importation, avec ceux du brevet d'invention précédemment obtenu en Angleterre; que l'un devait être la traduction fidèle de l'autre, que cependant il en diffère sur des points essentiels :

» 1° En ce que le brevet français énonce que l'inventeur préfère l'usage d'un vase de terre, tandis que le brevet anglais déclare formellement qu'un pareil vase ne pourrait conserver la chaleur nécessaire, et que, lorsqu'un grand nombre doivent être plongés dans le bain, il est utile de transvaser la mixture de la porcelaine dans la fonte;

» 2° En ce que le brevet anglais énonce qu'au moment du dorage l'ébullition du bain doit être modérée, tandis que le brevet français garde le silence sur le degré d'ébullition;

» Attendu que ces différences et ces dissimulations acquièrent une grande importance par le résultat de l'expérience, et doivent être prises en considération pour faire apprécier ces résultats;

» Attendu que les expériences qui ont eu lieu le 24 et 28 avril par les experts nommés par le tribunal, et, le 5 mai, par Moulé, agent d'Elkington, et dans ses propres ateliers, ont complétement justifié l'assertion émise par les demandeurs en déchéance, qu'aucune dorure ne pouvait être obtenue par les moyens indiqués au brevet d'importation; qu'à la vérité Moulé a attribué la non-réussite de ses expériences au défaut d'une ébullition suffisante; mais que c'est ici le cas de rappeler que le degré d'ébullition était d'autant plus facile à obtenir qu'elle doit être modérée, suivant les termes du brevet anglais.

» Attendu que l'expérience, faite le 14 mai par les trois experts, a produit une dorure ; mais que cette quatrième épreuve, la seule que le breveté puisse invoquer, ne peut être admise comme concluante par les motifs suivants :

» 1° L'effet n'a été obtenu qu'avec l'emploi d'un vase de fonte, auquel le brevet français énonce qu'un vase de terre doit être préféré ;

» 2° Ce vase de fonte a été fourni par le breveté, et est celui dont il se sert pour sa fabrication ;

» 3° Enfin, la dorure obtenue par les experts est tellement inférieure à celle que le breveté livre au commerce, que très certainement elle n'y serait pas admise ;

» Attendu enfin qu'une dernière épreuve, faite en présence du tribunal, est venue établir de nouveau l'impuissance de Moulé, de dorer avec les bains d'or préparés dans les premières expériences, d'après les indications du brevet français ;

» Que, de plus, dans cette même séance, Simon, demandeur en déchéance, opérant avec le même bain inefficace dans les mains de Moulé, en a retiré les seules dorures qui puissent être comparées aux fabrications de la maison Elkington ;

» Que ces résultats n'ont été obtenus qu'après le mélange dans le bain d'une certaine substance, et immersion des objets à dorer dans une certaine mixture, que Simon a fait connaître au tribunal et aux experts, en annonçant néanmoins qu'il entend en conserver le secret ;

» Qu'il résulte de ce dernier fait, ce dilemme, ou les substances employées par Simon sont étrangères au procédé d'Elkington, et alors Simon a droit d'en user comme de sa propriété personnelle, ou ces substances sont celles dont se sert Elkington, sans les avoir publiées dans son brevet d'importation, et, dans ce cas, il a encouru la déchéance.

» En ce qui touche le second moyen de déchéance : attendu que les faits de la cause ayant prouvé l'insuffisance des termes dans lesquels le brevet a été pris, il n'y a point lieu, par le tribunal, d'examiner si ces termes, ainsi reconnus insuffisants, peuvent établir l'existence d'une découverte pouvant donner lieu à la délivrance d'un brevet ;

» En ce qui touche les dommages-intérêts : attendu qu'Elkington, en faisant opérer des saisies aux domiciles des parties de Guibet et de Lelong, leur a causé un préjudice, que le tribunal peut apprécier.

» En ce qui touche l'impression, l'affiche du présent jugement :

» Attendu, qu'en raison de l'importance et de la gravité de la cause, il y a lieu de faire l'application des dispositions de l'article 1036 du Code de procédure civile.

» Par ces motifs : le tribunal reçoit les parties de Guibet et de Lelong, opposants à l'exécution du jugement rendu par défaut contre elles, le 25 juillet 1840, les décharge des condamnations prononcées contre elles ; et, statuant par jugement nouveau, déclare Elkington déchu du brevet par lui obtenu, en France, le 26 décembre 1836. En conséquence, autorise la Société Bédier, Dotin et Charlot, et Simon, à continuer, ainsi qu'ils le faisaient avant les saisies, l'emploi de leur procédé de dorage par immersion, et sans faire usage de mercure; fixe à 5,000 fr. l'indemnité due par Elkington, pour réparation du préjudice causé jusqu'à ce jour. En conséquence, le condamne, par corps, conformément aux dispositions de la loi de 1852, à payer 2,500 fr. à la Société Bédier, et 2,500 fr. à Simon, avec les intérêts à compter de la demande. Dit que le présent jugement sera imprimé et affiché aux frais d'Elkington, au nombre de 500 exemplaires; dit également qu'il sera inséré dans quatre journaux : *la Gazette des tribunaux*, *le Droit*, *le Journal des Débats* et *le Commerce*. Condamne Elkington en tous les dépens, dans lesquels rentreront ceux d'expertise.

Appel a été interjeté, on s'y attend bien, par M. Elkington.

Mais, en tout état de cause, ce jugement, si sagement motivé, et appuyé sur une aussi grande masse d'expériences contradictoires, à la plupart desquelles le tribunal a assisté, au grand complet, ou dans la personne de son président, ce jugement est une grave leçon infligée : 1° aux inventeurs qui cherchent à obtenir les faveurs du monopole, sans en remplir les obligations, et qui prennent soin de dissimuler, dans leur description, afin qu'à l'expiration du terme, la société ne puisse rien recevoir en échange du privilége qu'elle leur a accordé; 2° aux experts officieux qui se laissent aller à des rapports empreints d'une certaine complaisance; 3° aux tiers-experts, fussent-ils pairs de France, membres de l'Institut et du Comité consultatif des arts et manufactures, qui oublient que, devant la loi, l'impartialité est une obligation à laquelle nul n'a droit de se soustraire; vu que devant la loi tout rentre dans le giron de l'égalité, même en l'absence complète de la fraternité. Le tribunal n'a pas fait pencher la balance du côté du monopoleur anglais, par la raison que nos malheureux doreurs français auraient pris pour expert M. Raspail; parce que nos tribunaux civils ne sacrifient pas ainsi les intérêts de la justice et de notre nationalité à des souvenirs puisés dans nos discordes civiles. M. Gay-Lussac ne s'est-il pas écarté de cette sage ligne de conduite? Le pair de France et le membre de l'Institut n'ont-ils pas un peu trop pris la place de l'expert dans cette affaire? C'est à sa conscience à prononcer.

VII. *M. Elkington devant la Société d'Encouragement et l'Académie des Sciences.*

Pendant que l'expertise travaillait aussi vigoureusement les dissimulations de son brevet, M. Elkington ne restait pas inactif, et avait recours à des juges qu'il pensait devoir être moins sévères.

La Société d'Encouragement lui accorda une médaille. Mais chacun sait ce que valent les médailles de la Société d'Encouragement, que les mauvais plaisants ont surnommée à tort *Société de Découragement*, car cette société prodigue les encouragements comme le pape les indulgences. Pouvez-vous donner 30 f. par an? vous avez tous les titres requis pour faire partie de cette société. Payez, *dignus es intrare;* et, en entrant, vous êtes juge de quiconque demande à être encouragé. Vous faites un rapport sur un ami, sur un associé, et partant quelquefois sur vous-même; de votre rapport la société est solidaire, jusqu'à réclamation contraire; et la médaille est au bout du rapport.

A l'Institut, tout n'est pas pour le mieux, sans doute : les coteries y ont fait depuis long-temps irruption. Mais pour s'y faire encourager, il faut être doué d'un certain art de flatter et de plaire; les rapports y sont des faveurs et des grâces, qu'il faut savoir mériter; mais des faveurs qu'accorde une savante coquette, dont le blason remonte jusqu'à Richelieu, et qui tient à ne pas se compromettre avec le *qu'en dira-t-on*, pour un vilain et manant de la science, si gracieux et si bien recommandé qu'il soit.

Dans la première entrevue de M. Gay-Lussac et de M. Raspail, le premier dit au second : « Je vous avouerai que dans un » des comités de l'Académie des Sciences, j'ai voté pour que le » prix Montyon sur les arts insalubres fût accordé à M. Elkington. »

M. Raspail : « Je ne vous conseillerai pas, monsieur, de vous » récuser comme expert; la question qui s'agite devant les tribunaux n'étant pas la même que celle dont vous avez eu à » vous occuper à l'Institut. Cependant, il faudra un peu vous » méfier de vous-même dans notre expertise. »

Il paraît que M. Gay-Lussac n'a pas été plus heureux devant l'Académie que devant le tribunal. Car le prix n'a pas été décerné cette année, et l'on a bien fait. M. Elkington eût-il rendu l'art du doreur moins insalubre, il n'en eût pas moins perdu tous ses droits à la récompense Montyon, par la dissimulation de ses vrais moyens d'exécution. Comment savoir en effet qu'un procédé est moins insalubre qu'un autre, quand ce procédé est, dans le plus grand nombre de ses parties, tenu secret ?

Mais, sous le rapport de la salubrité, le nouveau procédé n'a rien à reprocher à l'ancien, à cause de ses acides; et si l'on avait besoin d'un témoignage irrécusable, ce serait le soin qu'avait M. Gay-Lussac de fuir dans le Jardin des Plantes, chaque fois qu'on trempait les cuivres dans les acides; tant ce grand amphithéâtre du Muséum se remplissait vite des fumées nitro-cuivreuses, qui se dégagent par bouffées de nuages, et prennent à la gorge et à la tête l'opérateur. Et puis, est-ce bien se conformer aux intentions du testateur, que d'accorder dix mille livres de récompense à un étranger qui, à la faveur de son monopole, a déjà réalisé en France près de 250,000 fr.? Pourquoi ne pas distribuer ces 10,000 fr. aux malheureux doreurs que le privilége accordé à M. Elkington a jetés sur le pavé de Paris et ruinés de fond en comble? Ce serait un bon précédent, pour les motifs de la législation future sur les récompenses et indemnités concernant les inventions.

VIII. *Résumé, à l'usage des chimistes et des doreurs de profession, des divers renseignements que l'expertise a recueillis dans le cours de ces expériences.*

Le procédé par immersion étant rentré dans le domaine public, et les bijoutiers et doreurs de profession s'étant mis à l'œuvre pour soutenir la concurrence de ce côté, le quart d'heure des désappointements n'a pas tardé à arriver; tant le but que chacun croyait tenir, s'éloignait à chaque pas qu'on faisait pour l'atteindre; et malheureusement, chacun de ces pas rétrogrades coûte de l'or à l'expérimentateur. Nous avons cru que, sans sortir de la limite tracée aux experts par l'étendue de leur serment, il devait nous être permis de révéler aux chercheurs les renseignements négatifs qui sont acquis au procès, afin de les empêcher de se fourvoyer dans une veine d'expériences ruineuses ou d'essais longs et infructueux; et afin que nos révélations profitent aux chimistes autant qu'aux doreurs, nous entrerons dans quelques détails sur l'art qu'exploitent ces derniers. Notre paragraphe profitera de la sorte à deux classes d'expérimentateurs, qui, malheureusement, ne se fréquentent guère.

1° *Bijoutiers.* — Il existe deux catégories de bijoutiers : les bijoutiers sur or et argent, et les bijoutiers sur cuivre. Si l'ouvrage des premiers l'emporte par le prix de la matière première, il faut avouer que celui des seconds l'emporte de beaucoup par la façon. Les bijoutiers sur or semblent s'être dit : nous serons toujours assez beaux, pourvu que nous soyons riches. Les bijoutiers sur cuivre se sont dit au contraire : Nous sommes pauvres, soyons beaux, et ils n'ont point failli à leur programme. On ne saurait s'imaginer, avant de l'avoir vu, tout le talent dans l'art du dessin et du modelage, qu'il a fallu dépenser à ces artistes sans prétention, pour arriver à tordre, aplatir, souder le cuivre de tant de manières élégantes, et à reproduire les ornements de la nature, dans un si petit espace, avec tant de variété et de fini. Aussi, au lieu de s'arrêter à l'article *bijou*, bijou ambitieux et usurpateur, qu'on avait soin de tenir à distance, et de ne faire briller qu'au soleil ou aux chandelles, et qui faisait que cet article était plutôt un objet d'exportation ou de théâtre, qu'un article d'ornement de bon aloi; au lieu de rester dans cette impasse, tout-à-coup nos bijoutiers, à force d'art et de talent, ont envahi l'ornementation tout entière; il n'est pas une pièce de nos salons qui soit exempte de ces petits chefs-d'œuvre à vil prix; et le bijou sur cuivre a fini par se glisser jusque dans la toilette de bon aloi, et d'y occuper la plus belle place, comme objet d'art, à côté des objets de luxe.

2° *Estampeur*.—Ce n'est pas qu'au bijoutier revienne tout l'honneur de l'ouvrage; il le partage surtout avec l'estampeur. C'est celui-ci qui fait les poinçons qui reproduisent les modèles, comme la presse reproduit les manuscrits; c'est celui-ci qui frappe les ornements, comme le coin frappe les médailles, et qui d'un coup de levier vous fait éclore un feuillage, un fruit, une arabesque, plus vite qu'un mouleur en plâtre ne vous coule un médaillon. Il ne reste plus au bijoutier que d'assembler, avec le caprice du goût, tous ces détails pour en faire un ensemble; le bijoutier n'a plus besoin aujourd'hui que d'un chalumeau pour souder. La bijouterie est l'art du fleuriste sur cuivre; comme le fleuriste est un bijoutier sur soie et sur coton. Les feuilles, les pétales, les fruits lui arrivent estampés d'avance; il ne lui reste plus qu'à les assembler et à les colorer.

3° C'est dans cet état que les cuivres sont transmis au doreur, qui, dans l'ancien procédé, se servait de l'intermédiaire du mercure pour fixer l'or sur le cuivre. Les bijoux, en effet, étant bien nettoyés, étaient *sautés* dans l'amalgame d'or, afin que l'amalgame se fixât d'une manière uniforme sur la surface des cuivres; pour éliminer ensuite le mercure, on les sautait de nouveau dans une *cire à dorer*, composée de cire jaune, d'huile de térébenthine, ou même de suif, et d'acétate de cuivre; on enflammait la cire, le mercure s'évaporait, l'or restait appliqué sur le cuivre, et on le nettoyait en le passant à la couleur. La dorure par immersion a détrôné cette dorure à la friture. Quant aux grands bronzes, ils se dorent encore aujourd'hui au mercure, mais avec des modifications que nécessitent leur poids et leur volume ; par immersion, on n'a pas réussi encore à les dorer d'une manière qui puisse rivaliser avec la dorure par le mercure. D'après M. Raspail, cela tient d'abord à ce que les grands bronzes refroidissent le bain, et que leur dorure ne saurait se faire à la même température que les bijoux ; mais surtout à la différence des cuivres. Car les grands bronzes sont d'un cuivre plus dur, et où ne rentrent pas, par conséquent, le plomb et l'étain, en aussi grande proportion que dans le cuivre des bijoux estampés, qui n'est que de la *mitraille pendante* fondue. Cette dernière idée ayant été communiquée à un doreur de profession, a paru se confirmer par l'expérience directe ; et quelques statuettes ayant été fondues avec le cuivre des bijoux, composé de cuivre, zinc, plomb et étain, on les a passablement dorées par immersion. Nous expliquerons plus tard la théorie de cet effet, et peut-être aussi la théorie de ce genre de dorure. Passons à l'énumération des diverses opérations, par lesquelles le cuivre arrive à la dorure.

4° Dérochage des cuivres.— Au sortir des mains de l'estampeur et du soudeur, les bijoux en cuivre sont nécessairement enduits d'une couche de corps gras, qui ne pourrait que nuire à la dorure, en s'interposant entre le cuivre et l'or. Le dérochage a principalement pour but de débarrasser, par l'action de la chaleur, et par celle des acides, les cuivres de ces corps étrangers. Pour cela, on les *recuit* et on les *déroche*.

Pour recuire les bijoux en cuivre, on les dépose, un à un, sur une petite caisse en tôle, à bords étroits, que l'on place sur les charbons incandescents ; on les recouvre en même temps de charbons, pour les porter également au rouge en dessus et en dessous. Non seulement l'élévation de température détruit les matières organiques, mais encore attire à la surface ce que les doreurs appellent la *calamine de cuivre*, c'est-à-dire une certaine proportion des métaux les plus fusibles de cet alliage. Les cuivres, en refroidissant, prennent alors une teinte gris de plomb qui doit être uniforme ; on les jette encore chauds dans un mélange d'eau et d'acide sulfurique ou nitrique (M. Elkington ne se sert que d'acide sulfurique), et l'on soumet ce bain à l'ébullition, jusqu'à ce qu'on voie que les cuivres ont repris la couleur du cuivre rouge, et qu'ils ne sont pas tachés par la calamine. L'acide sulfurique agit en débarrassant les bijoux de tous les oxides qui s'étaient formés au feu, et en mettant bien à nu l'alliage. Quand les cuivres sont à ce point, on décante, on les rince à grande eau dans une passoire en terre, et on les laisse dans l'eau. Ils sont ainsi recuits et dérochés, débarrassés des substances organiques, dont le travail de l'estampeur et du bijoutier les avait recouverts, ainsi que des oxides que le feu avait formés à leur surface.

4° **Décapage.** — Le *décapage* est une opération qui nettoie les cuivres comme d'une manière magique, et les prépare à recevoir l'or, sans en altérer l'éclat. On y procédait, avec le plus grand soin, dans la dorure par le mercure. On se servait, à cet égard, d'acide nitrique à 36°, dans lequel on plongeait les cuivres, puis d'un acide nitrique au même titre, imprégné d'une poignée de suie en paillettes et de sel marin; et on les rinçait ensuite à grande eau. Les cuivres en sortaient brillants, et d'une couleur d'or ou rouge-vermeil, selon que le cuivre était pur ou à l'état d'alliage. Ce décapage, déjà si beau, et qui se prête si bien à la dorure par le mercure, est encore trop imparfait pour la dorure par immersion. Le décapage, pratiqué exprès pour ce procédé, est tel, qu'à la première fois les juges qui l'ont vu l'ont pris pour une dorure, et les chimistes auxquels nous l'avons soumis n'ont pas mieux deviné que MM. les hommes de loi. Sans doute cette fausse dorure, cette dorure apparente s'altère vite à l'air; mais en la couvrant d'un vernis hydrofuge, elle peut suppléer, en certains cas, à la dorure faite avec de l'or.

C'est dans cette partie de l'opération que gît une partie du secret dissimulé dans son brevet, par M. Elkington. L'acide matant, dont il parle dans son brevet anglais, et dont il ne parle pas le moins du monde dans son brevet français, acide qui pourrait bien revenir à la composition surprise dans la séance du 24 avril (voy. pag. 476); cette composition, dis-je, plus ou moins modifiée, parait jouer un grand rôle dans cette opération. Quoi qu'il en soit, dès que les cuivres sont sortis de l'acide et ont été rincés à l'eau, de manière à présenter le caractère exigé par cette dorure, on les jette dans un bain de sciure de bois, ou plutôt de sciure de buis, chauffé sur un réchaud, pour les sécher et les dépouiller des dernières traces d'acide. Dans cet état ils sont prêts à être dorés.

Nous devons parler ici de deux effets que le bijoutier peut demander de préférence, en tout ou en partie, sur tout le bijou ou sur une de ces portions : l'*effet brillant* et l'*effet mat*. Par l'*effet brillant*, la dorure reflète la lumière à la manière des surfaces unies; l'*effet mat*, au contraire, est un effet de *sablé* extraordinairement fin et velouté, que nous ne saurions mieux comparer qu'à un admirable aplat gravé au pointillé, dont tous les points seraient d'or. Cet effet mat doit supporter le *bruni*, qui réfléchit la lumière comme un miroir d'or, et qu'on produit en passant, sur le *mat*, une *sanguine* (ou hématite) polie, de manière à aplatir le pointillé, en couchant les points les uns sur les autres.

Comment réalise-t-on ces deux effets dans le procédé par immersion? le brevet Elkington n'en dit pas un mot, si ce n'est en renvoyant aux procédés par le mercure, ou en conseillant de passer les cuivres dans le nitrate de mercure; ce qui ne saurait être vrai. Le mat est une des plus grandes dissimulations de ce brevet.

5° Préparons maintenant le bain d'or, d'après les renseignements fournis par l'expertise.

On prend de l'or pur, c'est-à-dire au titre de 997 millièmes environ, c'est-à-dire allié seulement à 3 millièmes d'argent. Soit, 77 grammes par 738 grammes d'eau régale, composée de 298 gr. d'acide nitrique pur, comme réactif; 241 gr. d'acide muriatique également pur, et 198 gr. d'eau. On y fait dissoudre l'or jusqu'à disparition complète des vapeurs rutilantes et réduction à la moitié du liquide. On laisse reposer la petite quantité de chlorure d'argent qui se précipite; on décante; le chlorure d'or est à un état de pureté et de neutralité suffisant pour composer le bain d'or.

Cela fait, on verse la dissolution dans un vase en fausse porcelaine, renfermant deux litres d'eau bouillante; et on y jette par petites poignées les cristaux de bicarbonate de potasse, dont la quantité ne doit pas dépasser 5 kilogr. pour 77 gr. d'or. On doit avoir soin de se garder des résultats de l'effervescence. On augmente le liquide de trois autres litres d'eau bouillante, et l'on place le vase sur le feu, en ayant soin de l'étendre avec deux autres litres d'eau chaude, à mesure que le liquide tarit. Les bulles d'acide carbonique qui se dégagent, par la chaleur, du bicarbonate de potasse, viennent crever en pétillant à la surface du liquide. On retire le vase du feu, après deux heures d'une ébullition modérée; on attend qu'il s'éclaircisse par le dépôt d'une boue noire, qui se compose d'oxide et de carbure d'or, ainsi que des impuretés du bicarbonate de potasse. On décante le liquide dans un vase en fonte, tourné à l'intérieur, et dans lequel on a déjà fait bouillir les résidus des vieux bains de dorure, pour que le fer soit verni d'or. On le place sur le feu, pour ramener le liquide à l'ébullition, et dès ce moment le bain d'or est prêt à recevoir les cuivres.

Doit-on y tremper les cuivres dans l'état où nous les avons laissés plus haut, ainsi que le prescrit le brevet? Non; car l'expérience prouve que, même en ayant soin de les passer préalablement à l'eau, ces cuivres ne prennent nullement la dorure. Doit-on les passer à l'acide nitrique, comme le voulaient les experts favorables à la cause de M. Elkington? On sort alors du brevet, sans obtenir une réussite plus grande; les meilleurs effets de dorure obtenus par cette addition au procédé, résistant peu au bruni ou à la couleur, n'étant du reste ni complets sur la même pièce, ni d'un ton constant sur toutes les pièces, et par conséquent ce procédé ne pouvant pas rendre à l'industrie et au commerce le secret que le brevet leur a dérobé.

Faut-il passer les cuivres au nitrate de mercure, comme le conseille le brevet? mais il aurait été bon de prescrire la dose et le mode de procéder; car, à certaine dose, le nitrate de mercure gâte le bain et nuit à la dorure; et puis, ce nitrate a été indiqué pour le *mat* seulement, et non pour favoriser la dorure; et nous l'avons vu, au lieu du *mat*, ne donner que du *brillant;* enfin, un procédé qui s'annonce sans mercure, ment à son programme, s'il ne réussit qu'à l'aide d'un sel mercuriel, qui dépose sa base sur le cuivre. C'est l'ancien et insalubre procédé revenu sous une autre forme.

Là donc se trouvent diverses lacunes de la plus haute importance, et qui doivent fixer plus spécialement l'attention des chercheurs.

Un chimiste se montrera it peut-être un peu moins difficile qu'un bijoutier: le moins qu'il voie d'or sur du cuivre, il croit tenir une dorure, et il s'émerveille comme d'un résultat, dont il se hâte de présenter un bout de note à l'Institut. Mais tout ce qui est or n'est pas dorure, pour un doreur de profession, et il est bien des objets qu'il rebute, et qui nous paraîtraient à nous bons à garder; la dorure doit être plus belle et plus fraîche que l'or. La lumière doit s'y jouer par gerbes d'or, d'un or, non pas tirant sur le rouge, comme on le recherchait jadis, mais d'un or d'un jaune serin, chaud de ton, riche de reflets, pur de teinte, et sur lequel le souffle de l'haleine ne laisse rien de louche et de nuageux. Tout nuage, c'est le cuivre qui perce, et qui se tachera à l'air en peu de jours.

Certains de nos doreurs français, par des procédés à eux connus, arrivent à une perfection que M. Elkington lui-même n'a pas encore pu atteindre; de plus, ils mêlent à ce fond, déjà si riche, des ornements accessoires du plus joli effet; ils dessinent en or blanc, en or vert, les détails que leur désigne le bijoutier; avec de l'or de toutes les couleurs, ils colorent leurs bouquets de fleurs, comme le font les fleuristes avec leurs laques.

Au sortir du bain d'or, on lave à grande eau la dorure, et on la sèche, comme ci-dessus, à la sciure de bois; dans cet état, elle peut se livrer au commerce. Mais il arrive quelquefois qu'un œil, un peu exercé, remarque, sur la dorure, un teinte terne ou quelques piquetures d'oxide d'or ou de cuivre, qu'il s'agit de faire disparaître. On y parvient par le *passage au mat* ou à *la couleur;* car *passer au mat* n'est pas produire le *mat-mat* dont nous avons parlé. On plonge la dorure dans une mixture liquide et bouillante, composée en général de sulfate de fer, sulfate de zinc, nitrate de potasse, alun, environ par égale part, et je crois sel marin. Puis on la fait sécher sur la braise, jusqu'à ce que le tout ait cessé de noircir; on jette les bijoux dans une eau acidulée par l'acide nitrique, et on les lave à grande eau; enfin on les sèche à la sciure de bois. Pour évaporer cette couleur, on peut se servir d'un moufle ou grand cylindre de terre cuite, renfermant à distance un autre cylindre de treillage de fer; on garnit l'entre-deux de charbons incandescents, et l'on tient les bijoux plongés dans le milieu, jusqu'à ce que la mixture laisse une croûte ocracée.

Tout est fini par cette opération dernière; et le doreur rend au bijoutier sa propriété, enrichie d'un vernis d'or, au prix d'un franc les 31 grammes, ou 32 fr. le kilo. Depuis l'issue du procès, les prix menacent de baisser; mais la belle et bonne dorure ne baissera pas.

Nous avons dit qu'avec un bain de 77 grammes d'or, on pouvait dorer jusqu'à 25 kilogrammes de bijoux en cuivre, c'est-à-dire d'ornements qui ont à peine en épaisseur un quart de millimètre, mais qui se dorent sur les deux surfaces; c'est-à-dire qu'on a de quoi recouvrir d'or une surface égale environ à deux ares de terrain, ce qui fait un milligramme d'or par 26 centimètres carrés, ou 1/325 environ de leur poids.

Cependant les 77 grammes d'or ne sont pas tous épuisés par l'immersion des 25 kilogrammes de cuivre; car il est un point où il faut s'arrêter, et au-delà duquel l'or ne dore plus aussi bien, et d'une manière aussi uniforme.

IX. *Examen critique du rapport présenté à l'Institut le 29 novembre 1841, par MM. Thénard, d'Arcet, Pelouze, Pelletier et Dumas, rapporteur*, SUR LES NOUVEAUX PROCÉDÉS INTRODUITS DANS L'ART DU DOREUR, PAR MM. ELKINGTON ET DE RUOLZ.

La rédaction d'un rapport à l'Institut est l'œuvre du rapporteur; en tout ceci ce sera donc M. Dumas qui parlera, et MM. les autres membres qui signeront.

« Un art nouveau, de la plus haute importance, car il tend à rendre générales les jouissances du luxe le mieux raisonné, dit en commençant le rapporteur, vient, sinon de naître en France, du moins d'y recevoir des développements inattendus. C'est l'art d'appliquer à volonté les métaux les plus résistants ou les plus beaux, en couches minces comme celles d'un vernis, ou en couches plus épaisses à volonté, sur des objets façonnés avec d'autres métaux moins chers et plus tenaces que ceux-ci. »

Ce début, un tant soit peu emphatique, pèche du reste contre la vérité des définitions. Ce n'est point un art nouveau, mais un procédé nouveau de produire des effets qu'on produisait autrement. On dorait, on argentait, on platinait, on étamait, on zinquait auparavant, non pas pour le *luxe le mieux raisonné*, car, la plupart du temps, c'était pour le luxe du pauvre. On dorera, on argentera peut-être avec les nouveaux procédés d'une manière plus économique pour le fabricant, et tout aussi chère pour le luxe des centimes, qui n'y regarde pas de si près; voilà la pure vérité.

Dans le chapitre des avantages, M. Dumas pense que la commission de la Monnaie verra avec plaisir un art qui, en transportant dans la plus humble chaumière l'usage agréable et salubre de l'argenterie, et l'art d'appliquer le vermeil à une foule d'objets d'usage commun, viendra rehausser le prix avili de l'argent, et détruire par conséquent l'accumulation excessive des monnaies d'argent en France. Ce grand avantage, aux yeux du rapporteur, se réduit à bien peu de chose aux yeux d'un économiste. L'argenture (et non pas argenterie) et le vermeil s'usant vite, ne remplaceront jamais pour les objets d'un usage commun, l'étamage, qui dure davantage, est moins attaquable que l'argent par les substances organiques, et coûte beaucoup moins cher. Quand, le 8 août, M. Raspail a présenté au tribunal des cuillers à café d'étain vermeil, il ne croyait présenter qu'un article de fantaisie.

Dans le chapitre des inconvénients, M. Dumas brandit le sceptre de la fausse monnaie, pour réveiller, alors qu'il *en est temps*, et en présence d'un danger inévitable, la sollicitude de l'administration et du commerce.

Ces craintes, au bout desquelles se glisse un vœu, un tant soit peu gazé, de voir se former une de ces commissions qui se prélassent de longues années sur une idée stérile; ces craintes, dis-je, sont évidemment exagérées. Le procédé nouveau ne facilitera pas plus que l'ancien, la fausse monnaie; car il ne suffit pas de dorer ou d'argenter une fausse monnaie de cuivre, il faut encore la frapper, ce qui n'est pas une affaire aussi simple.

Laissons donc de côté ces préliminaires à l'adresse des ministres, et passons aux renseignements qui sont ou paraissent être à l'adresse du public. M. Dumas s'occupe successivement du procédé de dorure de M. Elkington, par la voie humide, et des procédés de MM. de Ruolz et Elkington par la pile.

1° D'après tout ce que nous avons dit du procédé Elkington, il paraîtra évident que M. Dumas n'aura pas pris la peine de se faire dire le secret du procédé avant d'en parler; voici, en effet, littéralement les renseignements qu'il en donne :

« Ce procédé consiste à dissoudre l'or dans l'eau régale, ce qui le convertit en perchlorure d'or; à mêler celui-ci avec une dissolution d'un grand excès de bicarbonate de potasse, et à faire bouillir le tout pendant assez long-temps. On plonge ensuite, dans la liqueur bouillante, les pièces de laiton, de bronze ou de cuivre bien décapées, et la dorure s'y applique immédiatement; une portion de cuivre de la pièce se dissolvant pour remplacer l'or qui se précipite. »

Suit la théorie que M. Elkington a présentée à l'Institut de France, au nom de M. Wright, chimiste anglais, et d'après laquelle l'or dans ce bain serait, non pas à l'état de perchlorure d'or, mais à celui de protochlorure. Évidemment, cette théorie que semble adopter la comm ssion, n'est venue là que comme prétexte, et pour donner le change à l'Académie des sciences sur la vraie nature du procédé. Quoi qu'il en soit, M. Dumas proclame ce procédé, qui est en pleine activité depuis 1836, inférieur à celui par le mercure, parce que, dit-il, le cuivre prend plus d'or par le procédé au mercure que par le procédé par la voie humide. Le minimum d'or par le mercure étant de

0gr.,0428 par décimètre carré, tandis que le maximum d'or, par la voie humide, ne serait, d'après lui, que de 0gr,0422 par décimètre carré.

Il y a là deux idées erronées, l'une d'art, et l'autre d'économie industrielle. Ce n'est pas en surface, mais en épaisseur et en poids de cuivre qu'il faut chercher à évaluer les proportions de l'or fixé sur le cuivre. En effet, moins un cuivre est épais, plus il prend d'or ; parce que, moins il est épais, plus il s'échauffe dans le bain ; l'élévation de température étant une des conditions premières pour la fixation de l'or. Il y a plus, c'est que les cuivres prennent l'or en raison de la concentration du bain d'or ; les cuivres que l'on a dorés le 14 mai au Muséum dans la bourbe du bain, ont certainement pris plus d'or que par le plus riche amalgame.

Mais un procédé qui, avec moins d'or, produit une plus belle dorure que le procédé au mercure, est, par ce seul fait, supérieur à celui-ci, parce qu'il est plus économique pour le fabricant, et que le chaland ne s'occupe pas de la quantité d'or, mais de la beauté de la dorure. Que lui importe un peu plus ou un peu moins d'or, pour des ornements, qu'il jettera au rebut quand ils seront passés de mode ; et la mode passe vite.

Il est déplorable de trouver sans cesse les illustres membres de l'Académie de France en opposition flagrante avec les plus simples idées d'économie, que le dernier des fabricants leur démontrerait sur l'heure.

Nous ajouterons encore que, pour évaluer la quantité d'or revêtue par les cuivres, il ne suffit pas de peser avant et après l'immersion ; car, pendant l'immersion, il se fait une déperdition de la surface du cuivre, qui peut ainsi passer sur le compte de l'or. Il est donc nécessaire de recourir à un autre genre d'analyse.

2° *Procédés d'application des métaux, et spécialement de l'argent et de l'or par la pile.* — Il y a à peine deux ans que M. de la Rive, de Genève, annonça avoir obtenu des essais de dorure de l'emploi de la pile. Mais ces essais, ainsi que cela arrive au début d'un art quelconque, étaient trop imparfaits pour offrir un avantage à l'industrie. Cette annonce ne laissa pas que de donner l'éveil à l'industrie, qui chercha dès lors à poursuivre cette idée.

M. de Ruolz se présenta le premier à l'Académie, avec des modifications qui semblaient offrir des résultats acceptables dans le commerce ; au moins si l'on doit se fier aux chimistes de l'Académie, qui, sur ce point, et en d'autres circonstances, ont été souvent en désaccord avec les industriels.

L'Académie se mit à l'œuvre; elle s'occupait de vérifier les assertions de M. de Ruolz, lequel avait pris un brevet d'invention à la date du 19 décembre 1840, lorsque, tout-à-coup, les délégués de M. Elkington, qui, jusque là, dit le rapporteur, n'en avaient pas ouvert la bouche, se présentent avec un brevet pris le 8 décembre 1840, et dont le procédé est identique avec celui de M. Ruolz. La commission, un tant soit peu déconcertée par ce synchronisme, n'a pas cherché à approfondir cette difficulté; à nos yeux, elle est grave. M. Elkington, en effet, qui n'est nullement chimiste, n'est pas plus inventeur de ce second que du premier procédé; il en est, au su de toute l'industrie, le simple acquéreur. Car un point, qui, à lui seul, motiverait la réforme de notre législation sur les brevets d'invention, et la tranformation du droit de monopole en une prime accordée, une bonne fois pour toutes, à l'inventeur, c'est que, en France, comme partout ailleurs, le véritable inventeur n'a qu'une bien faible part aux bénéfices de l'exploitation de la découverte; c'est le plus souvent l'homme d'argent qui s'empare du monopole, l'homme d'idée se contente d'une prime une fois payée. Que l'Etat se charge de cette prime, et qu'il livre l'idée au public. L'industrie y gagnera, et l'inventeur n'y perdra rien ; que dis-je? toutes choses égales d'ailleurs, il y gagnera un peu de cette gloire, qui lui est toujours refusée aujourd'hui par l'acheteur. Ce côté de la question une fois laissé de côté, et la priorité des communications de M. de Ruolz le mettant à l'abri de toute contestation sérieuse, nous ne nous arrêterons pas plus longtemps sur le côté moral de la question.

M. Elkington se sert, pour le bain d'or, du cyanure de cette base dissous dans le cyanure de potassium; M. de Ruolz s'en servait avant lui; mais il emploie de plus : 1° le cyanure d'or dissous dans le cyano-ferrure rouge; 2° le chlorure d'or dissous dans les mêmes cyanures; 3° le chlorure double d'or et de potassium dissous dans le cyanure de potassium; 4° le chlorure double d'or et de sodium dissous dans la soude; 5° le sulfure d'or dissous dans le sulfure de potassium neutre.

« M. Elkington prend 31 gramm. 25 centig. d'or converti en oxide: 5 hectogr. de prussiate de potasse, et 4 litres d'eau. Il fait bouillir le tout pendant une demi-heure; dès lors, le li quide est prêt à servir. Bouillant, il dore vite ; froid, il dore plus lentement. Dans les deux cas, on y plonge les deux pôles d'une pile à courant constant, l'objet à dorer étant suspendu au pôle négatif, où le métal de la dissolution vient se rendre.

» Dans le brevet de M. Elkington, le mot prussiate de potasse, qui est employé sans autre définition, pouvait laisser de l'incertitude, car les chimistes connaissent trois prussiates de potasse : le prussiate simple, le prussiate jaune ferrugineux, et le prussiate rouge. Le mandataire de M. Elkington, prié de s'expliquer sur ce point, a dit à la commission que le brevet entendait parler du prussiate simple, du cyanure de potassium. En effet, lorsqu'il a exécuté devant elle ses procédés, c'est le cyanure simple de potassium qu'il a mis en usage. »

Mais la commission n'a pas fait connaître l'appareil de M. Elkington. Le voici, tel qu'il est désigné dans le brevet que nous avons consulté : c'est un vase cylindrique en cuivre, armé d'un long fil de ce métal, et d'un autre vase, également cylindrique, en terre poreuse, d'un diamètre moindre des deux tiers, que l'on place dans le vase en cuivre ; l'élément en zinc cylindrique solide, armé d'un long fil de cuivre, se loge entre les parois des deux vases inclus l'un dans l'autre. On verse le bain d'or dans le vase en terre, et une dissolution de sel marin dans le vase de cuivre ; on plonge les deux pôles dans le vase en terre, ainsi que les objets à dorer, qu'on place contre le pôle négatif, c'est-à-dire contre le long fil de cuivre qui part du zinc. Cet appareil ne saurait servir qu'à des essais d'une trop petite échelle, si toutefois il peut se servir ainsi.

M. de Ruolz se sert, lui, d'une pile de 40 couples de 16 cent. de large sur 8 de hauteur, ce que la commission a oublié d'indiquer ; il arme le pôle positif d'un fil de platine, le pôle négatif d'un fil de cuivre, qui se rendent dans l'auge où se trouve le bain d'or ou autre. Les objets à dorer, argenter, étamer, cuivrer, etc., sont rangés sur le fil de cuivre ; le fil de platine les longe sans les toucher. Ces renseignements sont pris, non dans le rapport, mais dans le brevet de M. de Ruolz pour la dorure, les autres ne pouvant pas encore être communiqués au public, vu qu'ils n'ont pas encore été délivrés à l'auteur.

Le liquide pour la dorure, au moins tel que l'indique le seul brevet qui ait encore été délivré, est composé de 100 parties d'eau, 6 parties de cyanure de potassium, 1 partie de cyanure d'or; on y ajoute 25 gouttes d'acide hydrocyanique par gramme de cyanure d'or. Nous allons donner, d'après les révélations faites à la commission, la composition des autres dissolutions que préfère M. de Ruolz.

Pour dorer l'argent, il emploie 1 partie de chlorure d'or sec, 10 parties de cyanoferrure jaune de potassium sur 100 parties d'eau ; la pile est chargée avec du sulfate de cuivre, du sel marin à 10° du pèse-sel ; elle est de 6 éléments de 2 décimètres de côté.

Pour évaluer la quantité d'or attirée par l'argent, la commission s'est servie de plaques d'argent poli, de 5 centimètres de côté. On a essayé de dorer en immergeant pendant deux minutes les plaques d'argent dans le bain d'or, la température du liquide étant, soit à 60° cent., soit à 35°, soit à 15° cent.

Par la pesée, avant et après, on a trouvé que l'argent avait pris en moyenne : 0gr,068 d'or dans le premier cas, c'est-à-dire à 60° ; 0gr,0296 d'or, dans le second cas = 35°, et seulement 0gr,0126 d'or dans le troisième cas, c'est-à-dire à 15°. La commission devait trouver dans ces données la condamnation des inductions qu'elle avait tirées de ses pesées dans les essais de dorure sur cuivre (voy. pag. 526) ; car évidemment, ici, la quantité d'or prise par l'argent est en raison de l'élévation de la température du bain d'or. Elle s'est contentée de noter ici cette remarque, qu'elle a négligée là-bas. Mais elle a négligé encore d'autres éléments, qui sont dans le cas de faire varier à l'infini les résultats : d'abord la force de la pile, la condensation du liquide excitateur, le degré de saturation du bain d'or, et surtout enfin, ainsi que nous l'avons dit plus haut, l'épaisseur de la plaque ; les plaques les plus minces se dorant mieux que les plus épaisses, à cause qu'elles s'échauffent plus vite, et que la quantité d'or attirée, par le métal à dorer, est toujours en raison de l'élévation de température. Le tableau de la commission ne saurait donc être un régulateur ; il n'est pas même un renseignement ni une donnée.

Le tableau pour l'argenture est entaché des mêmes lacunes. M. de Ruolz se sert pour argenter le cuivre, le fer, le laiton, l'étain, d'un bain d'argent composé de 1 partie de cyanure d'argent sec, dissous dans 10 parties de cyanoferrure jaune de potassium ; avec une pile de 4 éléments, et sur une plaque de cuivre de 5 cent. de côté, la commission a obtenu, en moyenne, un dépot de 0gr,0114 d'argent, à la température de 45° ; un dépôt de 0gr,0083, à la température de 30°.

Le bain de platine se compose de 1 partie de cyanure de platine, de 10 parties de cyanoferrure jaune de potasse, sur 100 parties d'eau.

A la température de 85° cent., les plaques de laiton de 5 centimètres de côté ont pris 0gr,001 de platine.

Le bain ne change pas de formule, mais simplement de base métallique, pour le cuivrage, l'étamage, le zincage, le cobaltisage, le nikelisage : c'est toujours à la faveur d'un cyanure qu'on opère.

Parmi les erreurs que l'inexpérience de la commission, en fait de dorure, lui a fait écrire, nous en remarquerons une qu'il est essentiel de relever. Elle s'est imaginé que les métaux s'appliquaient les uns sur les autres, à la manière des vernis, c'est-à-dire en couches continues et imperméables. Ainsi, la commission nous dit gravement que, *parmi les pièces déposées sur le bureau de l'Académie, se trouve une capsule de laiton doré, qui a résisté très efficacement à l'action de l'acide nitrique bouillant.*

Il y aura eu dans les étiquettes quelque méprise; car il n'est pas une dorure, même brunie, qui puisse préserver le cuivre de l'action de l'acide nitrique, même à froid; et c'est même là le meilleur moyen d'opérer le départ de l'or et du cuivre. L'acide nitrique dévore tout, excepté l'or, qui reste dans le fond, à l'état de pellicules minces, comme les feuilles d'or à dorer sur bois. Les métaux se déposent les uns sur les autres en une espèce de réseau qui fait crible et office de filtre. De là vient que la dorure la plus solide se ternit à la longue à l'air, à cause de l'oxide de cuivre, qui vient s'effleurir à la surface de l'or, et le piqueter de points noirâtres infiniment petits.

Nous conseillons donc à nos opticiens, balanciers et constructeurs d'instruments de précision, à ne pas se laisser aller à l'engouement qui a pris une commission moins compétente qu'eux, et à ne pas remplacer, par la dorure et l'argenture, le vernis à la laque, dont ils se servent pour préserver leurs pièces de cuivre des effets de l'air. Pour cet effet, leur beau vernis est plus précieux que l'or.

Nous ajouterons, comme simple renseignement, que M. Raspail a présenté au tribunal des plaques de platine et d'argent parfaitement bien dorées, et que depuis long-temps M. Roland dore l'argent par immersion.

Il est un point de vue de la question plus grave à aborder, et dont la commission n'a pas eu à s'occuper; c'est la part qui, dans cette innovation, doit revenir au monopole, et celle qui doit rester à l'industrie, dans le cas où il serait démontré que l'emploi de la pile offrirait à la dorure plus d'économie que le bain d'or par immersion. L'emploi de la pile, en général, est du domaine public; il en est de même de son application à la précipitation des métaux les uns sur les autres. Ce sont là deux principes de la science dont nul ne peut s'emparer comme de sa propriété, parce que nul des hommes actuels ne peut s'en dire l'inventeur. Chacun est libre de les appliquer à sa guise, et pour tout ce qu'il veut exploiter.

Arrivons aux applications de détail : M. de la Rive s'est servi de la pile pour dorer, M. Jacobi pour mouler le cuivre, en le précipitant de sa dissolution; MM. Sorel et Perrot ont galvanisé le fer au moyen du zincage.

De quoi donc MM. de Ruolz et Elkington réclameraient-ils le monopole? Du liquide servant de bain d'or? Mais les sels dont ils se servent étaient connus. Mais une dissolution d'or peut se faire de vingt manières différentes. Mais au lieu d'un cyanure, on peut employer le bain d'or alcalin, qui est du domaine public. En supposant que la loi laissât le monopole du cyanure à ces messieurs, ce qui serait contraire à son esprit, on prendrait donc pour dorer un tout autre liquide; et ces messieurs n'auraient plus rien à contester. Mais l'emploi du cyanure ne saurait être considéré que comme un *degré* de perfectionnement, et non comme un *genre nouveau* de perfectionnement; or, un simple *degré* de perfectionnement ne constitue pas matière d'un brevet d'invention.

Nous pensons donc que l'industrie peut se mettre à essayer de dorer par la pile, sans crainte d'être inquiétée légalement par qui que ce soit. Cependant, nous ne l'engagerons pas à partager, de prime abord, l'enthousiasme que le rapport académique a eu pour but de faire naître. L'Académie a besoin de réveiller de temps en temps l'attention publique, qui se détourne de plus en plus d'elle; il lui faut un peu de bruit, elle casse alors ses matras; un peu de fumée; elle allume ses grands fourneaux; applaudissez; elle n'en demande pas davantage. Mais l'industrie ne se contente pas de si peu; les mots ne lui produisent pas, à elle, des bénéfices comme à l'Académie; il lui faut des résultats constants; et elle n'a qu'elle même pour en trouver; et ses résultats sont, le plus souvent, une réfutation sanglante de toutes les promesses de nos commissions d'académiciens.

Nous avons oublié de relever en son lieu une naïveté de la commission, qui en vaut bien la peine. Le rapporteur prétend que, pour que le procédé de dorure par immersion réussisse bien, il faut que le bicarbonate de potasse renferme des substances organiques. Evidemment, on a surpris ici la crédulité de la commission. Sans doute, la petite quantité d'impuretés que renferme le sel du commerce ne nuit pas à la dorure; mais aussi elle ne lui est nullement indispensable, et sa pureté ne gâterait rien.

Nous avons vainement cherché à voir les échantillons obtenus, à l'Académie, par le procédé de M. Ruolz; et nous sommes étonné que, depuis un an, un procédé aussi simple soit resté inexploité. S'il donnait ce qu'il promet, il aurait anéanti les deux autres procédés de dorure. Quoi qu'il en soit, il nous paraît plus que probable que le procédé de dorure par la pile ne pourra pas remplacer celui de l'immersion pour la bijouterie; que pour les grands bronzes et pendules, il n'arrivera pas à cette uniformité de travail et à cette beauté du mat qui distingue, entre toutes, la dorure par le mercure; à moins qu'on n'y apporte des modifications, qui ne se trouvent, ni dans le brevet de ces messieurs, ni dans le rapport de la commission.

****

MM. les doreurs trouveront à la manufacture de produits chimiques de Vauquelin, rue des Lombards, 37, tous les produits qui leur seront nécessaires pour leurs essais ou leurs travaux.

Paris. — Imprimerie de BOURGOGNE et MARTINET, rue Jacob 30.

CONDITIONS D'ABONNEMENT A LA REVUE SCIENTIFIQUE.

On s'abonne soit au bureau du journal, rue Jacob, 30, soit chez L. Hachette, rue Pierre-Sarrazin, 12.

Tous les mémoires, ouvrages, lettres ou réclamations doivent être adressés francs de port à M. le docteur Quesneville, fabricant de produits chimiques, rue Jacob, nº 30, à Paris.

Le journal paraît tous les mois. Le prix de l'abonnement pour Paris est de 20 fr., 25 fr. pour les départements, et 30 fr. pour l'étranger qui paie double port. Plus 1 fr. pour frais d'encaissement pour ceux qui n'enverront pas un mandat sur Paris.

On souscrit à l'étranger :

A Amsterdam,	chez Vᵉ Legras, Imbert et comp.
Berlin,	— Asher.
Bruxelles,	— Demat.
Cambridge,	— Deigton frères.
Florence,	— Piatti.
Gênes,	— Beuf.
Genève,	— Cherbuliez.
Liége,	— Desoer.
Londres,	— Baillière. — Sydney Smith (B. du Méd. Times)
Leipsik,	— Michelsen.
La Haye,	— Van Cleef frères.
Milan,	— Dumolard.
Pétersbourg,	— J. Hauer. — Bellizard.
Stockholm,	— Bonier.
Turin,	— Bocca. — Pic.
Vienne,	— Rohrmann et Schweiger.

PARIS. — IMPRIMERIE DE BOURGOGNE ET MARTINET, rue Jacob, 30.

www.ingramcontent.com/pod-product-compliance
Lightning Source LLC
LaVergne TN
LVHW020451230826
846091LV00004B/1647
9782016143988